小田康徳
Oda Yasunori

歴史学の課題と作法

「人と地域が見える日本近現代史研究」追求の経験を語る

阿吽社

刊行にあたって

＊

筆者は、１９７０年頃から今日に至るまで、数えてみれば50年以上、日本近現代史の研究に打ち込んできた。研究においては、力を持つ有力者の行為によって生じる民衆や地域の苦難・行動あるいは考えに注目し、その視点から日本近代の歴史を描いていこうと努力してきた。

筆者は、近代日本の公害問題史から始まり、地方史そして軍事・戦争史などの研究へとその分野を広げ、併せて史・資料の保存活動などに力を注いできた。それは、凡庸ながらも一人の歴史研究者が下からの日本近現代史研究の推進・進展に志した行動と思弁の過程そのものでもあると思う。筆者は、筆者なりの歴史研究の形を作ってきたのではないかと考える。それは1次史料を大切にし、その中に出てきた史実すなわち人間や地域のありようを大きな歴史の流れの中に位置付けて、その存在価値を見付け出そうとする努力から生じてきたものにほかならない。

＊

ここで、筆者がめざしてきた学問の目的について、もっとも根本的なところを要約的に記述しておこう。それは、（今から考えると）まさに人の力の無限性と成長の可能性を信じるところ、また、平和と民主主義そして基本的人権の世を支える知の確立を願ったところに生じる、人類的な目的に適合する歴史学の形成であったと言っていい。もちろん、これは途方もなく大きな目的である。しかし、筆者はこのことを、歴史の学問に取り組むようになるよりもずっと以前から考え、やがて、何か必然性に導かれるようにそれを自覚的に求め、今日に至ったものであった。これこそ、まさに筆者の根本思想として、心の内に長い年月、常に存在していたものであった。本書においては、研究の過程において、この思想がいかに学問上展開したか、一貫して検討のための材料を提供していくつもりである。

＊

本書で明らかにしたいことは、具体的には以下の2点。ひとつは、筆者があげた学問上の成果と失敗の数々を年月の推移に従って整理し、辿ってきた道を確認すること。もうひとつは、そこから学問上どんな教訓や研究視点が得られるのか、まとめてみること、である。

もちろん、筆者は、こうした著述が半ば以上私的な性格を有することはよく承知している。しかし、そこには普遍的な真理につながる一本の糸もまたあるだろう。ならば、そうした普遍性を探し出し、意識して打ち出すことは、長きにわたって根気よく研究活動を積み上げてきた者が、晩年を迎え、社会に対して果たすべき基本的な義務かとも思う。

＊

実を言えば、筆者がこのような本を書くことは、実際に出来上がる寸前までそう明確に決めていたところではなかった。

本書執筆の始まりは、2022年春先に行なわれたある研究団体からのインタビューであった。インタビュー後、せっかくであるから、もう少し事実をたしかめ、しっかりした記録にすることを考え、はじめは要点のみでも文章化しておこうというレベルから、だんだんと経過・歴史を語るものとなり、記述も具体的なものに変わっていった。その途中においては、文章を読み返すうち、なんども思い出すこと、気付くことが出てきて、いつ果てるのかわからないという状態にしばしば陥った。だが、それを重ねるうち、やがて、こうした経験の中には歴史学とりわけ日本近現代史学にこれから取り組もうとする多くの方にとっても、何ほどか参考にする所もあるのではと考えるようになってきた。要するに、記述の趣旨に変化が生じてきたのである。

*

ちなみに、これらの課題に関する自己の著述としては、すでに2014年3月大阪電気通信大学退職にあたり刊行した小著『歴史に灯りを―言ってきたこと、やってきたこと、できなかったこと―』(阿吽社、2014年)がある(330‐337ページ)。また、そこには別途その時点までの著述目録等も添えている。ただ、それは当時40年あまりであった研究歴をひとまとまりのものとして振り返り、大きく総括しただけで、歴史的経緯を語るものとはなっていなかった。これに比し、今回のこれは、その変遷を年月の推移とともに振り返り、反省点も、その時々において記したところに大きな相違点がある。また、なによりも、歴史学の基本視点を積極的に打ち出そうとしたところに前著にはない特徴点を持つ。こうして、この書は、ついにいわば自分史を構成する一部となっただけでなく、併せて、歴史学に志す多くの方、とりわけその初心者を日本近現代史研究へと誘う手引き書ともすることが目論まれたものとなったのである。

＊

本書の構成は、1「研究活動の変遷と史学認識」を中心とし、2「歴史学の基本視点」を続け、両者を併せて本論とする。そして、付論として、3「（講演記録）公害・環境問題の歴史と地方史研究」および、4「著述推移の概略一覧」を付ける。

＊

本論1においては、歩んできた研究過程を4期に分けて記述した。そして、それぞれの期ごとに問題意識のありか、研究の結果得られたと思う知見、困難と思った問題、さらにはその間に経験したさまざまなエピソードなどを本文に記し、関連する論文・著書名等を注記した。本論2では、それらの経験を通して確信ともなった、学問としての歴史学を成り立たせる諸条件について、新たに考察した。

＊

3の付論は、1で時期区分した研究歴第3期の終期に作成した講演原稿である。筆者は、2005年の春、卒業論文をそれぞれ発表し、これから本格的に日本史研究の道に踏み出そうとする関東・首都圏に存する各大学の学生さんたちを前に講演するという名誉ある機会を与えられた。これは、そこで読み上げた当日の原稿そのものである。後半部分には思考に揺らぎがありながらも、全体としては、この時期にはほぼ確立していた歴史理念に関する大事な部分を分かりやすくまとめている。このときの講演内容はしばらく後に要約して公開しているが、この文章はいままで活字化しておらず、さらに1の内容を証明し、補完する文ともなっていると考えた。

＊

4の表は、年々に発表した論文・著書等の公開状況を数字化して示すとともに、それらのうちから主要な書名・論題等を選び、略記して1での記述の理解に便を図るものとした。

＊

筆者は「史料は心、史実は宝、そして歴史の学びは心意気」と普段から思っている。また、「歴史は現場を生み出す」とも考えている。一見、実証主義を称え、精神主義に与するかのようであるが、その真意は全く別の所にある。本書全体を通して体得していただきたいし、いただけることと思う。本書が、史学において同じ志を持つ同期の方にはなにか感ずるところがあり、後生の方、とくにこれから大学に入って歴史学を学んでみようとされる方、あるいは専攻して卒業論文や修士論文をまとめてみようとされる方にとって何ほどかでも得るところがあるならば、これに過ぎる喜びはない。

2023年夏　猛暑の中自宅で蝉を聞きながら

小田康徳

追記

本書の初校手入れが終わる直前の２０２３年９月25日未明、阿吽社の経営者・編集者としてまた多年にわたる友人として筆者らの活動を支えてくれた小笠原正仁さんが亡くなられた。本書は、同氏の強い勧めがあって一書とすることができたものであり、ここにこの事実を記して感謝の誠を捧げる。合掌。

２０２３年９月26日

歴史学の課題と作法――「人と地域が見える日本近現代史研究」追求の経験を語る＊目次

業に着手／文学博士の学位取得、あわせて『近代日本の公害問題―史的形成過程の研究』および『都市公害の形成』の出版／大阪電気通信大学への就職／『和歌山市史』『貴志川町史』の完結と『粉河町史』編纂事業への参画／『関一日記』の翻刻・校訂／大阪市公文書保存基準の策定／全国各地の公害地域の歴史を調査／司法資料の保存運動

第3期　歴史学の根本課題への反省とそれが噴出する場の認識へ（1995〜2006年）　86

阪神・淡路大震災の衝撃／安政の地震津波碑との遭遇／「大大阪」の形成を西淀川区地域の変貌から論じる／都市膨張の前線地域／『近代大阪の工業化と都市形成―生活環境からみた都市発展の光と影』の刊行／戦略的研究課題としての近代地方史研究／『粉河町史』第1巻と第4巻の記述／地方史研究協議会大阪（堺）大会の開催／『池田市史』編纂への参加と猪名川流域歴史研究者交流会／古座町史料の保存と『古座町史料―捕鯨編』の編集／旧真田山陸軍墓地との関わりが始まる／日本近代史上のキーワード「近代合理主義」への注目と景観のなかに残る歴史の姿／公害問題史へのさらなる挑戦／『帝国議会衆議院議事速記録』の調査および『公害・環境問題史を学ぶ人のために』

1

研究活動の変遷と史学認識

はじめに

本論における大事な課題のひとつは、筆者が解明してきたこと、あるいは、実行してきたことの動機や方法、そして得られた知見を、さまざまなエピソードなどをまじえ、分かりやすく語ることである。なぜ、筆者はその課題に取り組むこととなったのか、どんな調査をしたのか、そしてどのような知見を得たのかを有り体に語っていこうと考える。研究は根気のいることであったが、基本的に、筆者はその過程を楽しんだのであって、この体験を語ることは、多くの方に歴史学のおもしろさを理解していただくことにつながるだろう。

第2の課題は、研究が行き詰まり、行き着けなかった課題のあったことを確認し、それを分かりやすく解説することである。さらに、そのことと併せて、研究後、そのときにやっておくべきであった大事な課題に気付き、その解明に向けて改めて努力した経過とその後の変化をも語ることである。なかには、やりかけて途中で放置している課題もある。要は、失敗の経験を振り返りたいということである。これらは、きっと歴史学の奥深さをより具体的に理解してもらえることにつながるだろう。

ともあれ、本論は、筆者の開いてきた歴史学の世界を、基本的には年月日の順に従って、あるがままに復元しようとするものである。ここにおいては、できるだけ具体的に仕事を進めた背景や環境を語り、その進歩の条件あるいは行き詰まりの原因・状態も確認していこうと思う。もちろん、成功の歴史は語りやすいが、失敗のままに終わっている歴史は何となく語りにくいものである。しかし、それをするなかでこそ初めて気付くこともあるのではないか。それが、今回こうした文章を作成する意義ではないかと考えた。

叙述においては、年月日を経て展開する研究と資料保存の活動のありようについて筆者自身の考え方の変化を明確にするため、研究等の活動を開始して以来全体を4期に区切って記述することとした。事実を大事にするという観点からは、残されている記録や論文等を確認し、努めて客観性を保つようにした。また、単に事実を語るだけでなく、その学問的な意味にまで考察を及ぼしてみようとも考えた。

長年にわたる活動過程では、さまざまな方が筆者の活動を支えてくれた。それぞれの時期・場所で、感謝の意を込めて、その内容とお名前を、気が付く限り具体的に示していくこととする。

第1期　公害問題史と近代和歌山地方史の解明へ（1971年～81年）

1971年関西大学大学院文学研究科日本史専攻修士課程入学。1973年同博士課程入学と和歌山市史編纂室嘱託。1976年4月以降関西大学非常勤講師。1981年和歌山市史での勤務を離れ、大阪市史料調査会にて「明治前期大阪編年史」編纂作業に従事（2008年に終了）。

前史としての卒業論文

本論に入るに当たって、前史として大阪大学における卒業論文（1969年暮提出）について語っておこうと思う。言うまでもなく、まとまった分量を費やして歴史論文というものに挑戦した最初の経験である。当時大阪大学文学部国史学専攻には中世史に黒田俊雄、近世史に脇田修、近代史に梅溪昇の三先生がいて、少し離れた教養部に古代史の井上薫先生がおられた。学部生の時期には無駄に年月を費やすばかりで、どの時代についてもきちんとした学問とそのありようについては身につけていなかったとしか言いようがない。ただ、近代史は現在に直接続く時代であると考えたこと、しかも、明治維新期とかその直後の時期の研究はさまざまに存在していても、それに関する研究成果とその後の歴史的な事実の推移とのつながりがよく分からず、それを知りたいという気持ちだけは強まっていたように思う。

こうしたわけで、卒業論文では明治の社会主義思想家であり、晩年無政府主義に転じ、それらの実現を望む人びとのリーダーでもあった幸徳秋水の思想的・方法的な特質の解明に取り組んだ。明治という時代には自由民権運動という国家のあり方をめぐる大きな国民的動きがあり、それが収束したあと、その精神を受け継ぎ、明治30年代には早くも社会主義を掲げて明治国家と対決するまでの成長を見せていた国民の意識や政治状況に興味を惹かれていたことも大きかったのだろうと思う。

論文のねらいは、20世紀初頭、大国ロシアとの戦争をもちこたえることができるほどに力を付けた日本において、ようやくその力に正面から対決しようとした翻訳期の社会主義思想がいかなる困難に陥ったのか、またそれはなぜだったのかを、その代表的思想家を通して考察しようとするものであった。ちょうど彼ら初期社会主義者・無政府主義者らの論集が発行されたときでもあり、また『平民新聞』などの原資料の復刻版が利用できる環境も学内に存在していたので、筆者はそれらを読んで、幸徳秋水の思想的転換を促した歴史的要因を探ると同時に、彼の持つ政治リーダー観、労働者観、および物事を当為でのみ考える理念主義的な理論の組み立て方に注目し、それがいかに現実を理解する上で阻害要因となったかを論じた[1]。研究のやり方については、当時の一般的な社会主義理論を踏まえつつも、ひとりで工夫した。当時関西大学講師になっておられた小山仁示先生が何かの折に筆者の研究を知り、いくつかの専門的な参考論文を貸してくださったことを思い出す。

卒業論文は、１９６０年代後半期、さまざまな立場から賛否両論に分かれた幸徳秋水批評が展開していたなか、本人の思想的内実にまで掘り下げて分析・批判することの重要性を主張し、実践したもので、それなりに手応えは感じるものとはなった。しかし、今となっては、自らもまた当時知られていた一定の社会主義理論ないしは理念の上に立って日清戦争～日露戦争期の近代社会の一般的認識を語り、それを基盤に論じたものであり、まずは習作といったレベルのものであったというのが正しい評価であると思う。

論文を今回読み返してみたところ、事実を踏まえてそれを基本的な流れのなかに位置付けるということはできていることを認めたが、当時における幸徳秋水批判の主観主義あるいは理念主義を本当に乗り越えることができていたものかどうか、反省の思いは今も拭い去れない。すなわち、幸徳秋水の思想分析を行なう前提に戦後社会主義の理論を置き、それとの対比から、その是非を論じるに止まっており、当時の民主主義の課題に対する秋水等の具体認識がどうであったのか、解明の対象にできていないことなど、不十分な分析に止まっている。原資料を読んで、それを理解するため当時の一般的理論や理念の是非にも考えを及ぼすところもあったが、十分な展開を示すものとはなっていない。ただ、初期社会主義思想家らが自らの思想の弱点に気付いたこと、それを組み立て直そうとしたことの歴史的意義を指摘し、そこにおける弱点が事物を当為の観点で見る主観主義だったことを探ったことは間違っていないと思う。ちなみに、研究の過程では、元の資料に当たること、それらを使って自分で考えることのおもしろさは強く感じていた。

ところで、この研究が機縁となってその後変わらず研究上のご指導を受けることとなった小山仁示先生（関西大学）との御縁ができ、先生からの勧めもあり、大阪大学卒業後一時的に学問への場を失っていた状態から1年後の1971年春に関西大学大学院に入学することができたことを述べておかねばならない。それは、一般理論に頼りがちな筆者にとって、史実に基づいた歴史を解明する訓練の場が得られたという意味で、実に意義深い出来事であった。関西大学大学院には、松岡文平氏もおり、同級生には三溝義一と彦坂久伸の両君、さらに一年遅れではあったが、芝村篤樹といった個性豊かな研究仲間、また、のちに同大学教授となった大谷渡君もいた。その後女性史の分野とか戦時下の生活史など、それぞれの分野で活躍する石月静枝・田中はるみのおふたりも入学し、楽しい研究生活を迎えることとなる。

公害問題の史的研究へ

さて、第1期は、理論優先を排し、史実解明を中心とする日本近代史を本格的に研究する出発期であったと言っていい。

当時すなわち1970年前後の頃、新聞・雑誌・テレビなどでは連日のごとく「公害」が報じられ、資本主義や人類そのものの行き詰まりが論じられていた。それを歴史にさかのぼって研究することの重要性に気付き、示唆し、勧めてくれたのは小山仁示先生であった。はじめに、この間の事情について、時間をさかのぼる形で少し説明しておこう。

ちなみに、以下の説明が可能となったのは、2020年前後の頃、「高速道路絶対反対」と題するB

4判のわら半紙に毎週2～3度の頻度で発行されていたニュースビラ（ただしコピー）が、1971年～72年の1年半ほどの長さにわたって、欠号なく見出されたことをきっかけとする。原版作成と印刷は当時流行し始めた「輪転機」と称する道具を使うものだったと思われるが、原版手書きの書跡からも、また書かれた文章の内容からも、編集を担当されていたのが小山先生であることはすぐに分かった。20年前後の頃、公害地域再生センター（あおぞら財団）付設で筆者自身が館長を務める西淀川・公害と環境資料館（エコミューズ）でこのニュースビラを見つけ出したとき、筆者はようやく全体が理解できたのである(2)。

話は筆者が関西大学大学院に入学したのと同じ1971年4月早々に戻る。小山先生は大阪市が誇る集合住宅として当時大淀区だった淀川左岸に完成したばかりの中津リバーサイドコーポの住民となられた。コーポは、大阪第1の鉄道ターミナル梅田から徒歩でも行け、北側には広大な淀川の流れ、はるか遠くには北摂連山を眺めることのできる、すばらしい立地であった。しかし、市はコーポの北側すぐ横を通る高速道路計画があることを入居前の説明会の場において初めて住民に知らせ、その了解を求めるという対応に出たのである。入居したばかりの住民達（1000戸ばかり）は、この無責任なやり方に憤り、お互いに顔を初めて合わせたばかりというその直後から激しい反対運動を展開し始めた。先生は当初から多くの住民の先頭に立って、全エネルギーを集中してこの住民運動をリードし、運動を点から線へ、線から面へと、公害に悩む人びととの連帯の輪を求めて全大阪的な視野のもと奮闘されておられた。公害を歴史的に理解しようというのは、この運動のなか、行政と真剣に切り結ぶには、文理を問わず広い視野と知識が必要なことを痛感された結果であろう。公害問題の歴史を研究する重要性に気付かれたのもその一環であったことは間違いない。当時、筆者は小山先生のご自宅でこうした話題を何度も聞いたことを思い出す。小山先生は、それを自分の弟子の研究課題とさせたのである。小山先生と言えば、教育熱心な小山先生らしい行動であったと思う。ともあれ私の研究は、こうした広がりと熱意を持つ大きな住民運動を直接の背景にして始まったものであったことを今理解するのである。

さて、先生は、1971年6月頃、研究室を訪問した私に向かって、日本近代史上の重要課題として公害問題の出現とその歴史的実像の変遷を追求することの重要性を力説し、さらに大阪に住んでいるからには大阪の公害問題を解明すべきであると主張された。筆者もまた、欧米に比べて遅れて資本主義的発展の道に本格的に入った日本近代の歴史を解明する上で、それが生み出した具体的な社会課題である公害問題を歴史的に解明することの意義を考えた。ちなみに、当時は、日本の近代理解のためには絶対主義的な天皇制を理解し、それを支える農村に広がる半封建的地主制を根幹において考えるべしとの「講座派」的な考えがまだ強い影響力を持っていたときであった。

筆者は、公害問題が主として機械制工業なかでも重化学工業化が生み出したものとすれば、「工都大阪」の公害問題の歴史的解明は、それが近代日本の歴史的展開において農村を基盤とする地主制よりも近代的な工業を持つ近代都市を基盤に力強く展開する資本主義の方が歴史のなかで決定的な位置を占めるものであり、あわせて、強く資本主義を保護し、指導しようとする日本国家の特質をより明確にする学問的可能性を多分に持つと判断した。そこで、幸徳秋水論はしばらく脇に置いて、ここに熱心に公害問題の歴史的資料を調査し、考察を続ける道に進むこととしたのである。

ところで、この研究を始めた当時、ほとんどの研究仲間は、自分の研究分野が近代であれ、近代以外であれ、公害問題に歴史があり、その研究が必要であるという認識からは遠かったことも忘れられない。「公害は現代の問題でしょう」というのが、筆者の研究に対する多数の方々の感想であった。筆者は、時代の変遷するなかで生じた具体的問題を、時代の基本課題との関わりで考察し、その変化の意味を理解するのだから、それはやはり歴史学の課題であると考えようとした。

もちろん、公害問題に関する史実が大量に出てくることと、それが明らかにする歴史的事実との関係を、それまでに知っていた理論のなかに位置付けることはなかなか難しい課題であった。公害問題に取り組む多様な階層の人びとの歴史的役割を理解することは、理論では割り切れない、すなわち簡単なことではないという思いが沸き上がってくるのであった。このような状況のなかで研究の意義に迷うこともあったが、次々に見つかる史実は、それがたしかに過去に存在していた歴史を物語っているという意味では絶対的な存在であった。筆者は、それに支えられ、研究を続けることができたと思う。当時筆者は、見つけ出した記録のコピーをいつも本の箱に入れて持ち歩き、それを人に見せては公害問題に歴史があることを語り続けたことを思い出す。

『戦前昭和期大阪の公害問題資料』の出版

資料の調査について言えば、はじめは、小山先生の勧めもあり、都市大阪に関する文献記録の調査を中心とした。

大阪における公害の歴史に関しては、先行研究が『昭和大阪市史』など行政の出版物に止まっており、内容的に浅いものであることはすぐに分かった。筆者は、まずは過去においても研究・調査は行なわれていたはずであると考え、小山先生に相談したところ、雑誌『大大阪』の調査を勧められた。関西大学の図書館書庫に潜ってそれを調べるとともに、文系・理系を問わずさまざまな機関雑誌や研究雑誌等のページをめくり始めた。『水道協会雑誌』『燃料協会雑誌』『大大阪』『都市問題』等、初めて知る雑誌がほとんどだったが、合本されたそれら雑誌のページをめくるだけで戦前における公害問題に関する記録や論文はすぐに見つかってきた。しかも、実に膨大に存在していた。主な論者の名前も覚えていった。戦前にも煤煙や水質汚染など公害を研究する人びとがいたことは確かなこととなったのである。これは大きな成果であると感じた。しかし、こうした雑誌記事だけでは偏っているとも感じたので、同時並行的に戦前昭和期の新聞記事を関西大学で同級生となった三溝義一君と分担してしらみつぶしに読み通すこととともした。これまた、さまざまな記事が残されていた。

これらの資料を所蔵している図書館は、まさに近代史に関する資料の宝庫であることを強く実感させられた。筆者は、膨大な資料を有する関西大学の2つの図書館（現在は1つに統合されているのか）の書庫に潜り、それらの配置されている場所を記憶していっただけでなく、伝手を得て大阪市立大学（当時）の図書館書庫や大阪工業大学の図書館なども調べることができ、大阪府立図書館のような、これまた大阪に関する膨大な資料を所蔵する公立図書館に、毎週2～3度は訪問を重ね、関係する資料を夢中になって探した。この間、司書の方々には本当に親身に支えていただいたことを思い出す。

１９７2年のいつ頃かまでには、こうして探し出した資料は一つの山となった。置き場所は筆者の下宿先であった。雑誌等から写し取った資料のコピーは、用紙の形状が今とは大きく違っており、一枚一枚結構な重さがあり、匂いも強烈であった。しかし、中心的な収集先であった関西大学では、そうした資料のコピーをとることについて、もちろん、全体としての制約（たとえば一学科何千枚といった）は考えていたのであろうが、大学院生に費用の請求をすることはなかった。おかげで大量の資料を集積することもできたので、うれしかった。なお、この頃は科研費などという公的な制度の利用を知らず、自分の身体を使い、そのほかさまざまな工夫を凝らして、可能な限り費用を節約して資料収集に当たったことを思い出す。

小山先生を含む3人は、毎週1回は筆者の下宿に集まり、資料点検も兼ねた研究会を重ねていった。調査を始めて2年目のある日、小山先生は、集まった資料を問題別・年代別に配列して重要と思われるものを選んで解説を付けて一冊の資料集とすることを提案された。具体的には、唾を付ければくっつけることができる付箋に雑誌名・巻号・発行年月日を記入し、それを内容的に仕分けして、そのなかで重要と考えられるものを相互比較のなかで選び出し、それを年月日順に読み、問題の推移を検討することを指示されたのである。やがて、ご自身が関係されていた関西大学の学術報告書として、またほとんど同時にミネルヴァ書房からの申し出を受け、それを市販用の本としても出版することに漕ぎ着けられた。序文の執筆と「騒音ならびに震動」「地盤沈下」の資料選択と解説は小山先生が自ら、「大気汚染ならびに悪臭」および「参考文献一覧」は筆者、「水質汚染」は三溝君と、それぞれ分担した。

小山先生は原稿の入稿前に「序文」を書き、それを2人に見せて、意見を求められた。筆者は、何か言ったことを覚えているが、その内容は今記憶していない。ただ、「小田君は僕の書いた文に意見を言いよった」と、半分は驚き、半分はうれしそうに返されたことをよく覚えている。また、筆者は小山先生の序文では「現在典型七公害とされている公害事例のうち、戦前期にほとんどの公害が大阪で揃っていたこと、このことの持つ重大性を、まずは記録しておくべきであって、このことの大事さを考えて、あえて拙速を顧みず出版に踏み切るものである」といった趣旨の文章が書かれていたことを今も覚えている。いずれにしても、これが三溝君にとっても、筆者にとっても、関係する最初の著書となったものであった(3)。毎日新聞の記者が小山先生の研究室まで取材にきてくれ、それに併せて持って行った資料をテーブル一面に広げた写真を入れた紙面で大きく紹介してくれた。それを見たときには、うれしいことはうれしかったが、また、何とも言えない、面映ゆい気持ちになったことも覚えている。

全国的動向の認識へ、新たな資料の調査

やがて、資料調査は、全国的動向の認識へと視野の拡大を図っていった。大阪での公害問題を探すため新聞を見ていたこと、さまざまな機関雑誌や研究雑誌に目を通していたことがここで大きな力となった。新聞記事で知っていた農林省水産局の水質汚濁に関する全国規模の報告書(『水質保護に関する調査』1932年)が京都大学のある先生の個人研究室にあることを突き止め、訪問してコピーをつくることに

成功した。また、社会局の『工場監督年報』に公害事例の報告があることを知り、実物に当たってみたところ、昭和戦前期には、特別の章立てで毎年報告がされていることを確認することとなった。また、そこに関係した技師による公害対策の技術報告を掲載した『産業福利』も大阪府立図書館等で見つけ出した。『水道協会雑誌』も全国にわたって当時の水道関係者が工場からの排水による浄水の汚染を防ぐために奮闘していた記録となっていた。また、『帝国議会衆議院議事速記録』のなかに記事が出てくることにも気が付いていった。いわゆる芋づる式というものであったが、これらを見つけ出したときの達成感には大きいものがあった。もちろん、全国的な認識を獲得する上で大きな意味を持っていた資料ばかりである。

一方、これは後で詳述するように、1973年春以来、和歌山市史編纂室に勤務するようになってからのことであるが、明治期における和歌山県禰宜鉱山の開掘・試掘の行政訴訟に関する水利組合とか、関係する旧村役場等の諸記録、あるいは、これまた明治期だが、奈良県行政文書中における鉱山監督行政の書類など、現場に即した地域の記録も見つけ出していけるようになったことも重要であった(4)。和歌山県禰宜鉱山鉱毒問題を記録した原資料、そして奈良県行政文書も、基本的に崩し字で、ああ、当時の人は公害事件についてもこのような文字で物事を記録していたのだなといった臨場感に打たれたことも、今となっては懐かしい思い出である。しかも、そうしたなか、禰宜鉱山の裁判に関する資料は活版で印刷して残していたのであって、そこに、当事者たちの強い思いを感じたものであった。

筆者は、こうした調査のなかで、近代史研究の資料がいかに膨大であるか、いかに多面的であるか、そしてまた、いかに知られていないかを、身をもって知ることとなった。と同時に、そうした資料調査が歴史認識をいかに豊かにしてくれるものか、問題意識を持って探せば関係する資料はいつか見つけ出せること、そのおもしろさにも強く惹かれていくこととなった。また、理論に理論を対比して批評し、論争に勝つために力を入れるよりも、事実を通して理論を考え直し、組み立てることのおもしろさと重要性も体得していった。こうした意味で、この第1期こそ、筆者にとって歴史学そのものの理解を進め、研究上の基本姿勢を確立させた重要な時期であったと言わざるを得ない。筆者は、当時広く流布していたところの、「公害問題は戦後高度経済成長期に初めて出現した」との言説の誤り、あるいは意図的な無知振りに気付き、それを指摘し、批判した。

ただ、ここで一点付言しておいた方がいいかと思うことを指摘しておかねばならない。それは、少し長期に見ても、東海林吉郎・菅井益郎『通史 足尾鉱毒事件1877－1984』新曜社、1984年、をはじめとする足尾鉱毒事件に関する多面的な史的調査研究と色川大吉氏による水俣病研究[5]、それに安藤精一氏の近世公害事例の研究[6]などを別にして、歴史家による公害問題研究が広がりを持たなかったという事実である。筆者が公害問題史研究に着手した頃、小山先生は、この分野はきっと多くの人が目をつけているので、ともかく遅れずに成果を早く公表していくことであるとささやいてくれたのであったが、歴史家の間では、筆者の研究以外いつまで経ってもほとんど見るべきものがなかったことには、大いに首をひねったものであった。筆者の研究に対する評価も、歴史学的なそれはほとんどなかった[7]。公害問題に歴史があることは確固たる事実になったのであるが、それを歴史の発展理論のなかにどうすれば位置付けられるのか、簡単に答えが出てくる問題ではなかったことに関係していたのかもしれない。

以下、公害問題史に限定してだが、この時期以降いつの時期かを厳密には規定できないが、第2期の博士論文提出までには確立していた研究視点について、その基本的なところをまとめておくこととしたい。

基本を「社会問題としての公害」の歴史解明と定める

研究では、その開始早々ぐらいから、環境汚染の広がりのみならず、「公害」を容認し、被害者に困難を押しつけても責任をとらないで済ます社会意識の歴史的形成、およびそうした思想と行動に対する批判の出現、すなわち公害が社会問題となる過程を追った。言いかえれば、公害問題を自然環境への汚染の広がりを記述するとしても、主たる解明課題としては、加害者・被害者の関係の社会的形成およびその歴史的展開を問う「公害問題史」として解明しようとしたのである。

この考え方は、いつだったか正確な時期は憶えていないが、大阪大学医学部の一室で、中瀬寿一氏を中心に公害の歴史を進めていこうという小さな研究会が開かれたとき、その席上で尼崎市史編纂に従事しておられた小野寺逸也氏が問題提起されたのが最初であった。席上、小野寺氏の問題提起を聞いた小山先生がこれに共感された。そして、会終了後の道すがら、筆者に向かってわれわれの研究もこの視点で行こうと述べられた。筆者もそれを感じていたので、すぐにそれに同意した。筆者は、その後加藤邦興「展望・公害史」『科学史研究』Ⅱ-15、1976年、が出たときは、そこからも学んだ(8)。筆者は、ここに社会問題として公害問題の歴史を位置付ける基本的視点をまずは確立したのである。

筆者は、この後、これら公害問題に関わる多様な資料調査（といっても、主として明治以降〜戦前期の資料を中心したものであるが）に努め、何が問題となるのかという点について研究を重ねていくこととなった。調査の結果は、周辺の住民等に被害を与える公害問題は、当初個別的に出現するものであったが、やがて、その問題存在が広く社会全体に認知される段階、すなわち公害問題の社会化に至るまでの道筋を論じることとなっていった。また、日本において公害が社会化するまでの状況は、欧米に比べて遅れて資本主義の道に入り、列強との競走のなか、初めから国家の指導を強く受けた近代日本資本主義の歴史的特質との関係で、その傾向がますます強まっていくことを論じることとなっていく。

その過程では、日本の公害問題の深刻さは、独占資本主義が労働者に対する搾取を強化しているというだけでなく、周辺の環境をも自己の支配のもとに置き、その始末を住民等に転嫁し、いわゆる社会収奪を不可欠の存立条件にしていたところにあることを指摘していったのである。もちろん、これは日本資本主義が有する弱点、すなわちアキレス腱でもあったことを見ていこうとするものであった。戦前の日本では、公害に対する国家の規制のありようが深く関わっていること、人権抑圧的な性格が強いこと、また、同じ近代といってもそこに構造的変化があることについても注意すべきことを論じた。[9]第1期末頃には、明治〜戦中期に限れば、自ら見つけ出した史実を基に「公害問題史」の概要をとりあえずは語れるようになったと言ってもいい。[10]

では、明治以降戦中までの公害問題史の諸段階とはどのようなものであったのだろうか。以下その要点を説明しておこう。

公害容認論にも歴史あり

第1に、多くの人の先入観を覆すことであるが、公害を容認する思想や体制は初めから社会のなかに確固として存在していたのではなく、その全般的形成には一定の時間的経過と国家の意思の変容、およびそれに伴う権力の介入が必要であったことが注目される。すなわち、産業全体や個々の企業規模による違いはあるにしても、地域の自然環境を汚染し、農業や漁業生産に打撃を与え、人びとの健康にも害を及ぼす「公害」を批判し、容認しない意見と行動は、主として共同体的利益の擁護、それに関連する自然環境の維持ないし保護という側面においてだが、現代人が想像する以上に強力だったことを押さえておかねばならない[11]。一方、そうした考えと行動を時代遅れとして否定し、押さえつけていく思想的環境が形成されるまでには、多様な関係分野のうち、特定の産業分野の経営的利害を、とりあえずは特定地域に限定してだが、農林水産業などが生み出す産業的利害および自然環境保護の意義よりも優先するに至るまでの国家の思想的動揺あるいは変容があり、その確立には相当な時間と歴史的条件の形成があったことを見ておかねばならないということである[12]。

筆者の調査体験から述べておこう。20世紀初頭頃までの公害を争点とする裁判（その多くは行政裁判）は案外多かった。そこでは被害者が原告となる場合もないわけではなかったが、多くはむしろ、被害を受ける人びとの生産や生活に配慮し、鉱工業業者に操業あるいは開掘の不許可処分を下した行政当局を関係する業者が訴えたものであった。筆者はこの事実を知るたびに、現代の常識（すなわち、公害裁判といえば被害者が加害企業や関係する行政当局を訴えるという形が基本）で歴史を解釈してはならないと考えざるを得なかった。

この点、「公害」という言葉の文献的初出および意味の変化に関する歴史学的知識は重要である。すなわち、「公害」という言葉は、古くは１８８０年前後以降の大阪府の工業等取締に関する諸法令や同業組合の規約に存在し、内容は、分野を問わず広く全体の利益（＝公益）に害をもたらす状況を指していた。それが産業活動の広がりによって工業が社会に大きな力を持つようになる１９２０年代頃からはもっぱら工業活動に伴う環境汚染を指すように特化していったのである。(13) この「公害」という言葉が現代的意味を獲得していく過程が国家による公害容認論の一般的形成と軌を一にしていたのであって、このことの持つ意味をよく考えるべきであろう。

「公益」と「公害」

第2に、地域の資料を見ていけば、明治中期以降「公益」「公害」をめぐって相対立する思想の競合が出現していることに気が付くのである。(14) これは、近代になって登場する「公益」の概念が、実際には相対立する立場の者によって違って解釈され、真の「公益」とは何か、その主たる担い手は誰か、が問われ、争われていたことを示していた。

その対立の始まりは、歴史的に見るならば、19世紀末から20世紀初頭にかけてのことである。分野的には鉱業から始まり、次いで工業分野にも移っていくが、農漁業などの伝統産業に立つ側が公益性の意識に依拠して公害を批判する思想が徐々にその優位性を失い、産業利益優先思想が本格的に広まっていく頃からと見ている。すなわち、産業的な利益は「国家の利益」となるといった経済利益を優先する「公益」論が、１９００年代～１９１０年代にかけて鉱毒や煙害は地域に有害な結果をもたらすとする旧来的「公害」論を押しつぶす機能を強めていくことがさまざまな局面において確認できるようになるのである。[15]

一方、１９２０年代前半期からは農林省水産局で水質汚濁防止法が検討されていたが、産業界の抵抗があったためか結局うやむやにされてしまう。[16] 最後に、１９３５年（昭和10）前後以降産業優先思想が全般的に支配するようになった準戦時～戦時体制下においては、「地域開発」あるいは「地域の発展」という言葉のもと、強大な企業や企業グループが軍を代表とする国家的権威を背景に地域に進出し、地域の産業・生活あるいは文化構造を一変させ、場合によっては何千人もの人びとの生活基盤を奪い、自然の環境を汚染・破壊し、その被害対応を、被害を受ける地域側に押しつけていく動きも顕著となるのである。[17]

「公害」論を押しつぶしていく「公益」論においては、被害の範囲を特定の局面、たとえば経済的利益にのみ矮小化し、被害によって受ける共同体の基盤の破壊、地域文化の破壊といった側面に対する無頓着が顕著となっていくことも見逃せない。国や地方行政機関の、人間生活を認識する能力における貧困化を顕現しているという点でも見落としてはならないことであると思う。

「公益」と「公害」についての議論の存在は、資料から得たものであったが、ある日の夕方、研究発表の前にそのことを大阪大学後輩の木村寿氏に話したところ、同氏が、公害を出す側に立ちながら、被害を受ける人の意見が産業利益を押しつぶそうとする「公害」であると主張し、被害者の声を押しつぶそうとすることもあるのではとのコメントをしてくれた。本論の確立において大きな意義を持ち、転換点となった意見であった。

生存権の主張

第3に、このような状況下、政府や地方自治体の動きを、権力を持つ者の横暴あるいは不公平だと批判する人びとの主張や行動が現われてくる[18]。これは、資本主義的利潤追求が国家的支援のもと野放図に進行するなかにおいて、そこに形成されてきた社会的な弱者が、自らを弱者と位置付け、従来の価値の大小を論じるというのではなく、被害を受ける人びとの生存権をこそ求めるという社会的人権思想の形成と言ってもいい内容を持つものに変わってくる。

公害問題は強力な力を楯に多数の弱者あるいは共同体に犠牲を強いる構図を生み出してきていたのであり、そのなかでそうした構図を取り上げて、人権や地域文化、そして大きく民主主義の問題として論じる局面も多くなってくるということである。それはまた、弱者の生み出してきた人間としての尊厳性、社会、自然環境、文化等の位置付け直しを求めるものでもあった。その先駆的事件がほかならぬ足尾鉱毒事件であり、それを弾劾して止まなかった田中正造の考えであった[19]。言いかえれば、人権思想や人間文化の認識は、理論どおりに出現するというよりも、歴史においては思わぬところに、思わぬ形で出現するものであり、歴史家はそうした動きにいつも注意しておかねばならないということでもある。もちろん、その時点ではそうした主張も行動も権力的に抑えられ、ときには公害の結果を根拠にする差別的対応に苦しむことも少なくなかったが、そうしたなかで被害の理不尽さを訴えた行為は、次の代につながる重要な動きとして我が国の民主主義思想の形成史等に位置付けるべき重要な歴史性を有する存在となるのである。[20]

戦後との関係

以上の展開は、戦後日本人が経験した公害問題の社会的な基本構造が明治期以降の長い歴史を経て、大正期以降力をつけつつ、戦時下〜敗戦に至るまでの間に基本的には成立していたことを明瞭に物語っている。もちろん、これを知れば、公害問題は戦後高度経済成長期に初めて出現したというような、現代突発的な問題でないこと、それは、すぐに理解できることであろう。

ただ、今となって考えるのであるが、戦争末期における生産力の激減、空襲による物理的な生産破壊の時期を経て、戦後復興期から高度経済成長期の開始期に至るまでの具体的展開過程の解明にまで研究を進展させておかなかったことはまことに惜しいことであったと言わざるを得ない。すなわち、いわゆる四大公害事件の始まりがこの時期にあり、また、都市における煤煙から亜硫酸ガスさらには窒素酸化物による大気汚染問題も、この時期にあったことを史実に基づいて具体的かつ緻密に解明し、それがどのように生産企業有利に解決されていく構造が維持され、強化されていったのかを明確にしておくべきであったということである。[21]もし、それを実践しておけば、以上の史的認識はより具体性を帯びた形で説明できたと思う。公害問題は継続していたのだということを、抽象的に論じるよりも、具体的な史実を示すことが何倍有効であるか、なぜ考えられなかったのであろうか。おそらく、そこには、1945年の敗戦で歴史を大きく近代と現代に区切って考える歴史学界の通弊があり、それを批判していた筆者にあっても、実際上戦後については、論及の視野から省いていたものと思う。他の問題については、それを不可と論じていながらも、そこからは完全に抜け出せていなかったことを改めて感じるのである。通弊と言うべきであろう。

和歌山市史への就職

筆者の学問的体験という意味では、第1期には、以上の公害問題史の研究からは少し遅れるが、和歌山あるいは紀北地域の近代史を解明する作業に参加したことも重要な出来事であった。これは、1973年春以来始まった和歌山市史編纂事業への参加をきっかけとするもので、やがて貴志川町史・『和歌山県警察史』、そして第2期には粉河町史への参加と広がっていくものであった。[22]

1973年4月、筆者は和歌山市長からの辞令をもらって和歌山市史編纂業務を嘱託された。これは、関西大学教授で和歌山市内の由緒ある真宗寺院妙慶寺の住職も兼ねておられた薗田香融先生の紹介によるものであった。当時、薗田先生は始まったばかりの和歌山市史編纂委員長に就任し、研究実務に従事できる人物を探しておられた。その矢の一本が筆者に当たったのである。筆者は、いろいろ考えた末、住まいも和歌山市に移すこととした。市職員で、市内中心部から見て2キロメーターほど東に位置する手平出島という地域にお住まいの方の、農家風の門長屋の二間続きを借りて暮らすこととなったのである。大阪から急ぎの用事があるときには「デンワタノム」といった電報が来て、すぐに近くの公衆電話ボックスに移動して電話をかけ、用件を済ますことも、ときどきあった。和歌山では、通勤用に購入した5段変速の自転車を利用して休日にはぶらりと市内各地は言うまでもなく、東は遠く伊都郡高野山の麓の各地、那賀郡粉河町・那賀町・貴志川町・桃山町、合併で和歌山市とはなっていたが、旧海草郡の西和佐・和佐・貴志・直川、西は、これまた和歌山市となっていた海草郡の加太・松江、南は紀三井寺から海南市など、体力の許す限り足を伸ばし、あちこちを見て回ったものであった。和歌山の言葉も身に付いていった。

和歌山市史では石垣勝次さん（のち市教育長）を中心に執務体制が組まれ、後には学校現場から三尾功氏も加わった。筆者はそこに同僚となった波々伯部守君とともに週三日勤務した。事務所は、市役所の新設移転が完了するまでは、和歌山城内にあった旧ＮＨＫのスタジオを利用したもので、天井が高く、床にはカーペットが敷かれていた。周囲は楠木などの巨木が生い茂り、窓を開けていると、ときどき大きなクマンバチが飛び込んできて、仕事をする人を驚かせた。そんなときには、窓のカーテンを開け放ち、部屋の照明をすべて消すと、クマンバチはすぐに外に飛んでいったものである。城の濠すぐ北側に建っていた市役所の本庁舎からは離れ、いわば別天地であった。和歌山大学の先生方や、編纂委員（たとえば安藤精一先生・高嶋雅明先生・小山靖憲先生、それに先ほど名前を出した薗田香融先生など）さらには、それに協力する学校の先生方などもよく訪問され、田中敬忠氏などの大先達も来られたし、地元の皆さん方や新聞記者あるいは市役所職員もいろいろ話を聞きに来た。ひとつの歴史談話室ができたようであった。これは、2年ほどのち市役所の移転が完了して、事務所がもとの市長室をはじめとする建物の2階全フロアに移ってからも変わることはなかった。筆者は、そうしたなか地元の歴史解明に熱心に取り組まれていた三尾功・笠原正夫・広本満の各氏など、当時は若手と呼ばれた何人かの先達研究者からいろいろと学び、その熱意に感銘を受けることも多かった。

地方行政文書の整理と理解へ

事業が始まったばかりの和歌山市史では、さまざまな第1次資料、なかでも膨大な近代地方行政文書の調査に先鞭をつける機会が与えられた。というよりも、それに習熟することが期待されていた。思い出しながら述べると、筆者が和歌山市史編纂室を初めて訪問したとき、部屋の中には高さ1メートル、幅0・5メートル、そして長さが5メートル以上はあるかと思われる書類の山が積み上げられていた。どの綴りにもうっすらと埃が積み重なっていた。これが、筆者が勤務する前に受け入れていた旧西和佐村文書であった。この行政文書の山と格闘することが、和歌山市史での最初の仕事となったのである。

整理した結果、旧西和佐村文書は1879年（明治12）の郡区町村編制法の時代から、1955年（昭和30）和歌山市に合併されるまでの間の行政文書で、綴りの点数は二千数百件をもって数えることが分かってきた。これを手探りで整理し、体系づけ、ラベルの順番どおりにスチール製のしっかりした棚に配列し、誰でもが利用できるようにするまで作業開始後2〜3年はかかっていたように思う。目録は、紐等で綴られた文書を棚に配列した後作成していったことを思い出す。

しかし、筆者はこの作業のなかで地方行政文書について、その量に恐れを抱かなくなった。旧西和佐村文書に引き続いては、同じく和歌山市に合併された旧村すなわち東山東《ひがしさんどう》村・直川《のうがわ》村・永穂《なんこう》村などの行政文書の調査整理に取り組み、他方では和歌山市文書の調査にも着手していった。和歌山市文書は、戦災による被害もあったが、終戦時における焼却や庁舎移転時における廃棄などの厄を受け、その全貌はついに分からなくなっていることも判明した。と同時に、綴りの周囲に焼けこげた跡を残した文書を見つけたときには、庁舎の火災あるいは戦災時に必死でその文書を守ろうとした職員の姿を思い、感慨にふけることもあった。

旧庁舎を壊し、新庁舎ができたとき、使わなくなった文書を廃棄処分するためトラックを回し積み込み始めているのを発見したこと、石垣氏を通してそれを緊急ストップさせてもらい、急遽市内西部のタマネギ畑の倉庫に運んだこと、そして、その後は、そこに通って調査をしたことも忘れられない。なお、市助役が、1879年以来存在した行政機関である和歌山区の活動と市民のありようを描いた「和歌山区史」を引き継いでいたこと、神奈川大学日本常民文化研究所にそれに対応する時期を網羅する「名草海士郡史」が保管されていたことも分かってきた。和歌山県庁文書についても限定された期間ではあったが、その書庫に入って調査することができた。(23)

近代和歌山・紀北地域の変化とそこに生きた人びとへの関心

筆者は、和歌山あるいは紀北での生活になじんでいくとともに、和歌山市史を初めとする地域の歴史資料探訪のなかで見つけ出した膨大な公的・私的文書や記録あるいは地域に残る生活の遺物や遺跡の背後に、さまざまな問題に直面し、解決をめざした地域民衆の努力や挫折、喜びや悲しみなど、生命の息吹を感じるようになっていった。

当時和歌山では、通史としては当時和歌山大学経済学部教授であった安藤精一先生が書いた『和歌山県の歴史』山川出版社、１９７０年、があり、『和歌山史要』が5刷まで増補されていたぐらいであった。近代史に関しては、行政機構や鉄道や会社の沿革についての略記があるぐらいで、何の認識もないのと同じ状態であった。筆者は、和歌山の近代認識を史料に基づいてまとめなければならなかったが、それはまるで雲をつかむような感がしたものであった。そんななか、１９７５年頃からは、旧西和佐村文書やその他の旧村文書の全貌がようやく理解できるようになったので、試みにその解析を基礎に、そこに見えている日露戦後の地域社会の変化を描いてみようと考えた。地元の新聞記事など他の記録とも照合しながら、日露戦後社会のなかに生きた人びとの姿の解明に挑戦してみたのである。

これは、ある意味で大学の卒業論文で取り上げた幸徳秋水が生きた時代を再確認する作業でもあったが、当時宮地正人『日露戦後政治史の研究―帝国主義形成期の都市と農村』東京大学出版会、１９７３年、を初めとする日露戦後の地方改良事業に対する関心が広がるなかで、では和歌山県という地域に即してみたらどんな状況が見えるのかといった問題関心もその背景にはあった。

この調査は、幸いに1976年度大阪歴史学会大会での報告という形にまとめることができた[24]。もっとも、そこで指摘した地域社会の変貌が正鵠を射ていたのかどうかについては、改めて検討しなければならない。ただ、都市と農村との経済的交流の増大が地方の公共工事への期待を強めるなか、帝国主義的国策を強行する国家によって行なわれた地方行財政への指導・締め付けの強化（地方改良事業）がそうした地域発展の希望との矛盾を強めていくこと、そのなかで生み出されたひとりの有能な地方政治家の典型として西和佐村村長から県会議員に転身していった岩橋喜次郎を見出し、さらに、そうした国策がもたらした旧被差別地域に住む人びとへの差別的対応を強化していった事実も紹介することができた。

この作業を通して、筆者は地方農村の動きをもたらした動機が、資本主義的な商品生産の普及であったこと、都市との交流の拡大がそれを支えていたことを解明しようとしたことは覚えている。地域同士の交流、国の地方に対する強制といった、こののち筆者の研究における重要な概念が出現するように、この論文は、筆者にとって地域史研究のひとつの出発点になったことは間違いない。

筆者は、続いて戦時期に和歌山に工場進出し、紀ノ川河口右岸に広がる、いわゆる「河西部」に住む人に多大の影響を与えている住友金属工業和歌山製鉄所の誘致について調べてみたくなった。これは、その地域から受け取った古文書のなかに混じって、戦後における関係住民の嘆願書を見たことも大きなきっかけとなったものである。嘆願書には、当時海軍と住友金属が国家のためという謳い文句のもと推し進めた139万坪にも及ぶ広大な土地買収（対象は松江・湊・野崎・木本・西脇野の五ヶ村、関係地主は680人、小作人は500人を超える）の強権的なやり方を強く批判する文章が綿々と記されていた。

調査して驚いたのは、１９４０年の誘致成功当時、『大阪朝日新聞』和歌山版でこの誘致が地域発展の起爆剤として大きく前向きに評価される記事が連日続いて掲載されていたことである。これらの記事が、誘致に当たった県当局者の言い分をそのまま受け取り、さらに一部は物語風に脚色するものであったことはすぐに理解できた。反対に、戦争が激化するなかで呻吟する地域住民の声は一切掲載されていなかった。筆者は、この認識の出現を理解するためには、客観的な記録を可能な限り集め、検討することだと思った。すぐに各種の資料を探し出し、関係者からの聞き取りにも力を入れるべきだと考えた。幸い、薗田先生が力になってくれた。自分の檀家を何軒か紹介してくれただけでなく、聞き取りに同行もしてくれた。[25]

探し出した資料からは、知事を始めとする誘致に当たった県当局者の行き当たりばったりの政策があぶり出されてきたのである。また、誘致後は海軍と企業側の言い分に振り回され、和歌山市当局などが期待した港湾施設の構築も受け入れられないという現実に悩まされることとなった事実も見えてきた。と同時に、すでに述べたような公益論をめぐる地元側の相対立する意見が、県会議員等によって激しく闘わされていたことも確認できた。下津町長による積極的な誘致論と誘致に反対する地元民への厳しい批判に対し、海草郡紀三井寺村出身で、新聞記者から県会議員となった内田安吉という人物の地元側に立った巨大資本側の横暴さに対する厳しい批判にも気が付いていった。

筆者は、そうした人物の活動に強く惹かれるものがあった。また、聞き取りにうかがったお宅で、住友は海軍だから、こっちは大本営に訴えてやろうとして、親類の伝手を訪ねて東京まで行ったという話も聞いた。その行動力と土地を守ろうとする意思の強さに驚いたことも忘れられない。このときの調査に当たっては、県庁の関係する職員の方々、地元の人びと、そしてさまざまな資料保存機関のご協力を得た。幸いにも、前報告に続き、１９７９年の大阪歴史学会大会で報告することができた。

『和歌山市史』第7～9巻（近現代史料Ⅰ～Ⅲ）の編集

和歌山市史の史料編である第7巻・第8巻そして第9巻には、このようにして位置付けていった大事な歴史資料を選び、編纂委員の了解のもと、それを掲載していくことができた。

たとえば、海士郡古屋《こや》村という地区に素封家の子どもとして生を受けた青年が、明治10年代前半期、自由の思想に感銘を受け、談話会を組織して同じ志を持つ仲間の前で自らの知識を報告し、あるいは大阪に出て本格的に勉強し、さらに東京の慶應義塾に出ては朝鮮の人士と交流するようになった記録を見つけ出した。また、そうした人びとのネットワークが紀ノ川筋に広く形成されている記録も各地に見つけ出した。

幕末維新期に農兵となって訓練に出て行く青年の記録も少なからず存在していた。なかには、有吉佐和子の『紀ノ川』だったか、昭和になって県会議員だった夫が死んだときの様子を報じた新聞記事を主人公が見つけて、何か違和感があるとつぶやいたのと同じ文言が記された新聞記事を見つけて驚いたこともある。幕末維新期から西南戦争期に関しては、『小梅日記』の記述が実にリアルで、筆者らが各所において見つけ出した古文書のなかに記された事実を裏打ちし、それを補強していることを発見したこともある。あるいは、先ほど紹介したところではあるが、明治末年、伝染病の疑いで検疫を受けなければならなかった被差別地区の人びとの抗議行動を権力的に押しつぶして大勢の人びとを検挙・起訴した事件を紙面いっぱい使って大々的にかつ扇動的に報じた新聞記事などもある。そうした記録はいくらも出てきたのである。

筆者は、これらの史料を見るなかで、実際、近代における地域の歴史は、国家的なねらいと地方的願望が競合し、複合して進むこと、地域に暮らす人びとは、そのなかで複雑な関係に置かれること、やがて国家的ねらいが主導権を握り、地域的な展開に規定された地域的願望を押しつぶしていくこと、地域の側ではそれとの対応に迫られること、また、その対応のなかに地域の将来を担うべき人あるいは階層が問われ直し、そうしたなかに他の地域と違う地域特性の形成があることにも気付いていった。要するに、全国的な動きを感じつつ、それへのあるべき対応をめざして多くの人びとが苦闘するのと同時に、そこに、失敗し、悩み、挫折することも多かった人間の姿が見えてきたのである。筆者は、和歌山に暮らしていたいつの頃からか明瞭にはできないが、可能な限りその姿を追求し、解明し、そこに地域の実相とその特徴も見出していくこと、それこそが近代地域史研究の根本、と考え始めるようになったことは間違いない(26)。地方とは国家の政策がその機構を通して実現させられていく末端部分だから重要ということもできるが、地方が真に意味を持ってくるのは、そこに生きる人びとが悩み、苦しみ、そのなかで地域を形成していった、その闘いの場であったからではなかろうか。その成功も、不成功もまさに人間そのものの姿がそこに見えることに関係していると考え始めていったのである。

地方行政資料は当該行政機関のみならず、その背後にあってつねに指導監督を怠らなかった国家の考えを反映しており、ときには、住民の動きに対する対処的・対抗的な意思や動きも示していた。『和歌山市史』の編纂においては筆者は、それらから得られた史実認識を民間史料と比較し、両者における認識の違いや共通性の存在を追求しようとした。とくに第7巻と第8巻においては明治大正期の行政資料と民間史料に分けて、配列した[27]。また、第9巻では、1945年（昭和20）の敗戦を前後して歴史を2つに分ける通説に対し、その連続性を無視してはならないとの考えで、両時期を通して通達し続けた海草地方事務所の通達を数百ページにわたって掲載した。これは、『和歌山市史』第9巻（近現代史料Ⅲ）の編集に関わり、和歌山県海草地方事務所からの通達を集めて整理していたときのこと、筆者は、1945年の敗戦後の通達中に戦中と何ら変わらない行政の姿勢を発見した[28]。筆者は、それがいつどのように変わっていくのか検討すべきであると思い至った。編纂委員の合意を得て、第9巻は対象年代を1926年（昭和初年）頃から1955年（同30）頃までとし、そこに、敗戦をその間に含むところの、1942年から48年にわたる海草地方事務所の通達を年月日順に整理し、見出したものすべてを掲載することにしたのである。こうした編集は、全国的にもごく初期に属していたと思う。そして、その意味では近現代地域史研究のありように一石を投じたとも考える。もちろん、現在では常識となった考え方というべきではあるが、これを1980年前後に気付き、実践できたことは密かに喜びとしている。

『和歌山県警察史』編纂事業への協力

第1期の調査研究においては、1970年代後半期から80年代初頭にかけて和歌山県警察本部が編集・執筆する『和歌山県警察史』の事業に助言するという立場で関与できたことにも触れておかねばならない。警察史では執筆予定者が明治期の文字がすぐには読めないといったところから筆者に協力を求めてきたのであった。もっとも、警察関係の歴史的資料は庁内にほとんど残っておらず、それほど見ることはなかったが、戦後の7・18水害において共産党の山村工作隊への警戒を指示する文書が出てきたこともあった。

『和歌山県警察史』の調査で特筆すべきことは、この調査過程において鳥羽伏見合戦において敗北した旧幕府軍の兵士が2000人前後小舟に分乗して加太から紀伊半島の港を伝って落ち延びていった記録が出てきたことである。この史料の発見により、それまで大きな権威を持っていた『南紀徳川史』が徳川家を守ろうとするために執った、一部を除き落人はいないといった認識に落ち着くように編纂した政治的意図が見えてきた。筆者は、信憑性の高い編纂をしていても、その感覚だけですぐに信じてはならないことを強く思うに至った。また、あわせて、敗北者とくにその中心部の人びとのために命をかけた一般兵士らの動向に冷淡な維新期政治史研究のあり方にも批判の目を向けるようになった。

旧幕兵等敗走の事実を確定し、具体相を知るために、所長の大橋洋氏、執筆分担者の西山智雄氏ともども、関連史料を追って紀伊半島の各地あるいは遠く会津や仙台まで調査の足を伸ばすことになったことも懐かしい。三重県尾鷲で関係史料をたくさん借り出し、早く返却しようとして、夜中遅くまで、宿の一室で写真を撮影していたところ、その行動を怪しんだ宿の関係者が地元の警察に連絡し、顔を合わせて、西山さんだったか大橋さんだったかが説明し、大笑いになったこともあった。両者の歴史に対する姿勢には実に熱心で、着実なものがあり、全国の警察史のなかで異彩を放つものとなっていることは、とくに記しておきたい。いずれにしても、先の発見は、筆者が幕末維新期和歌山藩の動きに興味をさらに強く抱くようになったきっかけでもあった。ここでは、まさに中央政府と藩との駆け引き、そのなかで自己の居場所を模索する陸奥宗光等和歌山藩出身の有志の動きもリアルに見えてきたのである。また、和歌山藩が維新期に実行した藩政改革なかでも兵制改革の意義について注目すべきであることにも気が付いていく。

なお、こうした関心の強まりがあったからこそ、後に大阪で旧真田山陸軍墓地と遭遇したとき、そこに旧和歌山藩出身の兵卒等の墓碑が多数存在していることの意味をすぐに感知できたのではないかと考える。

『和歌山県警察史』編纂業務に関しては、資料調査に関し、いろいろな地域を訪れ、地域についての認識を得たことを思い出す。たとえば、三重県と奈良県の間に挟まれた和歌山県の飛び地北山村を訪問したときには、たまたま和歌山県史の資料調査のグループと一緒になった。宿では、地域ではこの調査のことが大きな話題となっていることとの話があり、盛り上がったことを覚えている。また、翌日の古文書調査のなかでは、そうした調査と併せて、地元の方に地域に住んでいたなかでもっとも心に残ったことはと尋ねたところ、新宮方面から商品を背負ってきた商人からアイスキャンデーを買って食べた味であるとの話をうれしそうに話して聞かせてもらったこともあり、忘れられない。

和歌山地方史の研究と公害問題形成の歴史

和歌山県紀北地域でもいくつかの公害問題形成に関わる実際の歴史があった。その関係資料に遭遇し、調査したことについて、そこで考えたことを、述べておかねばならない。

まず、部分的にはすでに記しているように、明治期における海草郡和佐村における和歌山県禰宜鉱山鉱毒問題の行政裁判関係資料がある[29]。これは、1912～14年（明治45～大正3）に、同地で業者による鉱山開掘願いがあり、それを不許可とした鉱山監督署の行政処分を不法な処分として取り消すよう行政裁判所に提訴したことをきっかけに始まった地元水利組合を中心とする行動記録である。鉱毒を恐れた地元農民たちの行動が記録として詳細に残されていた。

次は、1917～18年（大正6～7）にかけて当時の和歌山市東部を流れる和歌川沿いに立地した化学工場等から排出される汚水によって被害が生じた海苔栽培についての和歌山県水産試験場の調査報告書[30]である。第1次世界大戦中における化学工業の発展が汚水を放流する河川を通して、そこに海苔を養殖する事業へどんな害を与えたのか、水産試験場の目を通して詳細に語られている。

第3は、1923年（大正12）に展開された名草郡紀三井寺村ピクリン酸製造工場建設反対運動に関わる連日の新聞報道[31]であった。これまた、新興の化学工場が海軍との連携のもと工場建設をもくろんだことに対する地元紀三井寺村と和歌浦町の大衆的な反対運動の記録である。ここでは、運動がはげしく展開するなか、古い地域支配構造が動揺を来している事実も見えてくる。

　右はいずれも地域の公害問題史の研究をめざす筆者にとっては貴重な知識となった資料ばかりであった。さらに、１９３７～42年（昭和12～17）頃は大阪や東京に本社を有する大工場（住友金属・日本製鉄・東亜燃料など）の進出に伴う公害問題の発生などもあった。これについては既述したように住友金属の事例について詳しく紹介した。

　それらの実例は、公害問題がいずれも近代地方史研究上の大きなテーマの一つとなることを明瞭に示していた。工業化ないし資本主義的な産業化を進め、その結果としての公害問題に苦しんだのは、巨大な鉱山とその関連地域あるいは工業の集積した大都市とかその周辺地域の市町村だけでなかったことを考えねばならないのであって、公害は、工業化・産業化をめざすどこの地域においても出現する可能性を物語っていると言っていい事例である。近代における地域の工業化ないしは産業化と公害の実相を全国的な規模で解明し、この二つを結びつけているものは何か、その解明が全国史的にも、また地域史的にも大きな課題となることが、早くも示唆され始めていたと思う。

住友財閥史の研究

　１９７０年代の終わり頃、ある出版社の企画で日本の代表的な財閥をシリーズで刊行するということとなり、戦後日本帝国主義の自立論で著名な業績をあげておられた小野義彦氏（大阪市立大学）から関西大学経済学部の安喜博彦氏を経て、筆者に住友財閥の近代史を記載するよう依頼があった。筆者は、和歌山での住友金属の行動のこともあり、よい機会と考えて執筆を引き受けた。これは、現状の経済分析を主とする研究書であったために、その方面の研究のやり方を学ぶいい機会ともなった。財閥といっても、戦時下においては国家の求める重化学工業で生き残っていくためには、膨大な資本を必要とするものであり、家族資本的な財閥形態から脱皮し、銀行資本と協力してより広い範囲から資本を集めなければならず、その流れのなかで財閥の持ち株会社化が本格化し、基幹となる企業自体が独自の系列化を進め、全体としては戦後の企業グループに向かう方向性を示し始めるというように、歴史的な存在であることを学んでいった。小野先生は、小生の研究が本の最初に来ることもあったせいか、信州や和歌山県白浜で行なった合宿では、精細に報告に対する意見や論評を述べられた。それは、まことに親切なもので、赤鉛筆を片手に文章の適切な修正をするため、その場で手を入れることも珍しいことではなかった。自ら知識を増やすことに熱意を持ち、まるで自分の文章を直すように熱心であった。筆者の文章に手を入れるときには、関係する歴史の知識を必ず披瀝して、それが合理的であることを説明してくれた。また、公害への対処などを中心に新しい知識を筆者が記入していったときなど、たいへん喜ばれたことを覚えている。戦前ならば常識だった言葉を知らず、たとえば徴兵検査に関して「丁年」を「ちょうねん」と読んで、その場で笑いながら修正されたこともあった。基本的に実証を大事にする方だということは強く感じたものである。このように楽しい勉強会であったが、ただ、残念なことには、他の研究グループの進捗状況も関係していたのか、出版はいつのまにか沙汰止みとなってしまった。

古文書の研究会など

関西大学では、筆者が大学院修士課程に入っていた頃、学生に古文書の手ほどきをする方がおられなかった。大阪歴史学会近代史部会のメンバーでいた服部敬先生が、そうした状況を打破するためにボランティアで学生を集め、その訓練を進めることとなった。やがて、その仕事は筆者が担うこととなり、和歌山へ移転してから2年目の頃から約2年間継続した。多くの学生が集まり、天神橋6丁目にあった関西大学二部の暗い教室を会場に毎週実施した。何人かの学生が、作業を分担してくれ、また同時によく読めるようにもなった。夏に信貴山で合宿したことも思い出深い。

これに関して、筆者は関西大学の有坂隆道先生から、なぜか大事にされ、自分の研究室のカギを渡され、自分が留守中、学生の勉強会に自由に使ってもいいと言われていた。関西大学では考古学研究室は別格としても、古代史には古代史研究会があり、東洋史では大庭脩先生を中心に勉強会を行なっていた。また、民俗学でもそれと同じような研究会が行なわれていることを何となく感じていた。今度はそれに並ぶ近代史の研究会を学部生に呼びかけて毎週1回は開くこととしたのである。関西大学が学生の意思を大事にし、自発的な勉強会を学生主体にやらせていることは、たいへんな強みだと感じたものである。小山先生とはつねに連絡を取って、具体的には資本論第23章本源的蓄積の箇所などを輪読していった。マルクスが歴史を語っており、それがおもしろいことを強く感じたものである。

第2期　近代大阪史研究への挑戦と方法の模索

（1981年～94年）

1981年大阪に居を移し大阪市史料調査会に勤務、明治前期大阪編年史の編纂事業に取り組む。これより少し前1980年頃より、西淀川公害訴訟に協力。1984年大阪電気通信大学に就職、専任講師となる。1993年～95年司法資料保存運動に尽力、関西司法資料研究会を立ち上げる。

大阪市史編纂所へ

1981年春、筆者は8年間暮らしてきた和歌山市を離れ、大阪市史編纂所に主たる職場を移すこととなった。

大阪市史編纂所は、この2年前、『新修大阪市史』を編纂するために大阪市教育委員会のなかに設置された新しい部署であった。それは、1897年（明治30）編纂長に幸田成友を迎えて以来、『大阪市史』『明治大正大阪市史』『昭和大阪市史』『続昭和大阪市史』と連綿と続いてきた歴代の大阪市史を、合併を繰り返し拡大してきた現在の大阪市域全体に対象を広げ、さらに新しく見出されてきた史料にも基づき、その歴史を全面的に見直し、新規に編纂し直そうという大企画であった。この企画推進のため、時代ごとに多数の専門家を執筆委員に委嘱し、その一方では改めて史料の調査を進めるために大阪市史料調査会をつくって、多数の若手研究者を採用することとしたものである。1979年6月下旬か7月初めの頃、大阪歴史学会大会で報告を済ませたばかりの筆者にも、この新修大阪市史編纂事業を推進する立場に立っておられた北崎豊二先生から、たしか大会終了後、帰途の天王寺駅であったと思うが、お声がかけられた。ただし、筆者は、そのときには和歌山市史での仕事（第9巻の編集）がまだ残っていたので、お断りしたことを覚えている。

大阪市史編纂所へ勤務先を移すことについては、関西大学大学院入学後同じ近代史研究者として大阪歴史学会近代史部会の運営でも、ともに力を尽くす仲間となっていた堀田暁生氏から、1981年春先に改めて誘われたことによる。このときは、和歌山市史での大きな仕事である第9巻の編集も終盤を迎え、原稿も揃って、いよいよ1981年度中には発刊できる直前にきていた。一方、1年前の1980年春には筆者自らの意思で大阪における大規模な都市基盤の形成に関する史料を探すため、和歌山市内とは別に大阪天神橋筋商店街から近いところにも一室を借りていたときでもあった。筆者は、ついにひとつの転機を迎えたかな、と思わざるを得なかった。堀田氏と話した後、和歌山へ帰る南海電車の窓際に立ち、降り続く雨を眺めながら、いろいろなことを思い返していたことを記憶している。

大阪市史編纂所は、大阪市西区西長堀の市立図書館の一室にまだあったのか、すでにその隣の別館に移っていたのか、今記憶は定かでない。筆者は住み慣れた和歌山から大阪市天王寺区のこぢんまりとした民間のアパートに居を移し、週4日勤務することとなった。雇用契約は大阪市史料調査会と結んでいる。

大阪市史は藤本篤氏が所長、事務担当として市の職員が2人、図書館からの人的応援もあった。大阪市史料調査会には先任者として堀田氏と田中豊氏がおり、筆者と同期には今名前が思い出せないが大阪歴史学会で同じ委員をしていた方が入られた。また、このあと数年は各時代にわたって新規採用が続き、年を追うごとに大世帯となっていく。勤務時間のうち昼食後には作業用の大きな机を利用して卓球に興じたり、近くの土佐稲荷公園でバドミントンに汗を流したりした。藤本所長がいつもその先頭に立っていた。和歌山市史での勤務では、そうしたことはほとんどなく、もっぱら歴史の話をしたり、市内の雑事を話したりすることで費やし、勤務時間終了後は近くの喫茶店で一緒に角力を見たり、話に興じたりしたのであったから、その文化的風土の違いには大いに戸惑った。

困難な課題

大阪市史に職場を移す1年ほど前の頃から、筆者は、わざわざ天神橋筋商店街の近くに一室を借りて自ら求めて解明しようとした研究テーマについて、具体的史実の解明に力を注ぎ始めていたのであるが、なかなかうまくいかず、困難を感じ、行き詰まっていた。それは、１９３７年（昭和12）日中戦争開始以降急速に進む戦時体制化のなか、東京に比べ経済的な地盤沈下が目に付き始めた大阪で、その挽回を図るために行政や経済界がいかなる展望を持った地域工業化のための社会的・経済的基盤整備を進めたのかという問題であり、またそれが地域の経済・暮らしその他にどのような変化を生み出したか、その実態を解明する上で役立つ資料にはどんなものがあるか、といった資料の調査に関係するものであった。

すでに述べたところであるが、筆者は1979年夏における大阪歴史学会大会で、1940年太平洋戦争開始1年前に始まった住友金属工業の和歌山県北部紀ノ川河口部（河西地区）への大規模な製鉄所進出に関する報告をしたことがあった。そのとき、行政による地域工業化のための社会基盤整備が新聞で大きく取り上げられ、そこでは地元のみならず当の企業からも大きな期待を寄せられていることに気が付いていった(32)。すなわち、戦時体制の進行するなかで巨大な生産設備の構築に迫られていた資本は、既存の都市域ではそれを確保することが容易でなく、大都市から離れた地方において数十万坪とか百数十万坪といったような広大な土地の入手を求め、さらには、港湾施設の新規構築など従来の発想では考えることもなかったような大きな社会的生産基盤の構築を追求するようになっていた。そして、そうした巨大企業が進出を決めた地域では、地元行政がそれをさらに地域の生産構造を大転換することにつなげるため、新たな企業の誘致を初め、市域周辺地域の大合併や、土地から離れる住民のための新たな職場の確保や就労・住宅対策等を打ち始めていたのである。

筆者は、これは従来の工業化地域の形成政策とは大きく異なる、全く新しい歴史段階の到来と考えた。そして、そうだとすれば、和歌山市域よりはるかに多様で、大きな生産装置の集積していた大阪では、こうした歴史段階にどう対処しようとしていたのか、大都市大阪にとっても重大問題だと気が付いたのである。筆者はとりあえず概略を調べた結果、戦時下大阪において構想されていた、府県域を超える市域大合併構想を初めとする大規模な都市改造計画および生産基盤構築構想の存在に行き着き、これは都市自身の大変革計画ではないかとして翌年からはそれを本格的に調査しようと考えていたところであった。

ところが、これについては『大大阪』あるいは産業界の雑誌あるいは新聞記事程度しか記録を見つけ出すことができないのである。しかも、それらは、ほとんどが戦時下大阪経済の陥っている隘路の指摘か、計画実現後におけるバラ色の社会の説明に止まるものであり、それを推進する途上に生じた課題が語られていなかった。また、その計画遂行に関わる関係住民側の記録も見つけられなかった。かろうじて、行政がこのとき以降進めることとなった区画整理とか耕地整理事業などの報告書は見つけ出せたが、それをもって到底都市の大規模な構造変革の全貌解明という要求にこたえるものと見做すことはできないように思われた。すなわち、都市計画実現に向けての行政の意思と努力は分かっても、それに対する巨大企業の対応、市民生活の変貌実態に関する見通しも得られなかったのである[33]。一方、行政側の記録も、産業界側の記録も、計画推進に関する具体的なそれはこれといって見つけ出すことができなかった。

当時、筆者は、自己の資料調査能力の弱さを思うと同時に、戦時下における権力側の全般的な秘密主義の壁、また戦後すぐ米軍進駐前における資料の意図的廃棄が事実認識を大いに遮っていることを考えた。その上で、それを知る記録はどうすれば見つけ出せるのか。大きな動きを具体的に語る資料については、普通に探していたのでは見当たらないという困難をどう突破するか、筆者はこの後、ずっと考え、やがて諦めていくのである。(34)

しかし、今考えてみると、たしかにそうした側面はあったと思うが、もうひとつは、筆者の側に、あらかじめ考察した問題の筋書きに拘泥し、それを知ることのできる資料の発見にのみ期待を寄せるという、いわば思考停止、すなわち理論ないしは理念優先の主観主義があったためではないかとも思うようになっている。言いかえれば、従来の成功体験から、いつのまにか時代の本質をつかむ上での柔軟な認識態度が欠如していたと思うのである。

資料が見当たらないという背景には、おそらく、戦時下における軍需優先のもとで、民間経済の全般的逼迫、さらにより特殊的には、空襲による損害などの要因の進展するなかで、都市構造の大規模改革が行き詰まっていたと見るべきではなかっただろうか。すなわち、記録がないというよりは、計画自体が進行していなかったと考えるべきであって、それは、戦後に持ち越された歴史的課題として、戦後における都市改造の大規模な進展との関係のなかで改めて考察していくべき課題ではなかったのではないか、と思うのである。もちろん、その場合大きな論点となるのは「工業化」の理念的な位置付けであって、戦後も長らく大阪の為政者たちがそのイメージに執着していたことの意味、その歴史的意義と社会的意義を考えるべきことも重要なテーマとなる。資料は視野を戦時下のみならず、戦後にも引き伸ばして考えるべきであったと思う。

西淀川公害訴訟への協力

１９８０年、右の課題に取り組み始めたのと同じ頃であるが、大きな公害訴訟として社会的な注目を集めていた西淀川公害訴訟に関して小山仁示先生から協力を依頼された。要旨は、この公害を歴史にさかのぼって考察し、そこから被告側の責任を明らかにしたいということであった。たしか、大阪歴史学会近代史部会が吹田市内の千二公民館で開かれていた席上に、原告側弁護士ふたりを小山先生が案内して来られて、参会する会員に紹介するとともに協力を依頼されたのである。

筆者は、これまでの研究もあり、とりあえずは関連資料の調査に協力することとなった。筆者にとっては、すでに明らかにしていた史実の再現であり、担当する弁護士の方にいろいろな資料のありかを教え、調査に便宜を図ったものである。津留崎直美さんと早川光俊さんのおふたりであったが、弁護士さんたちが図書館などでどんどん資料を見つけ出し、それを複製していくのを見て、その能力の高いことに驚いたことを思い出す。また、西淀川区内に古くから住む住民の方々を地区別に集めてもらい、過去の暮らしのありさまや、工業地域化への動き、それに関して生じた公害経験を話してもらったことも懐かしい思い出である。(35)

聞き取り会については、あまり慣れていなかったこともあり、所によっては集まってくれた方々が、てんでに話し始めて記録がとれなくなるといった状況も生じて、どこまでできたのかについては反省すべきところの多い催しでもあった。しかし、集まってもらった方のなかに、かつて１９２８年（昭和３）の新聞に掲載された大阪製錬会社の煙害被害者で、会社に交渉に行った小作人の男性を舅に持つ女性が出席されており、その事実を確認した上で、さらに詳しい話を聞くこともできた。その話のなかでは、昭和初年の頃、大阪の警察は公害を出す企業を法令に基づいて取り締まるよりも、それを告発する被害者の行動に目を光らせる傾向を持ち始めていたことを明瞭にするという事実も明らかになった[36]。

最近に至ってあおぞら財団では西淀川公害関係の基本資料を編纂する事業を始め、右に記した聞き取り記録も見直しているところである。その記録のなかでは、1920年代から1950年代にかけて、すなわち大正中期から戦後すぐの頃にかけて急速に工業化の進む西淀川地域の変貌が、一人ひとりの生活体験を通してリアルに復元されていた。現在の西淀川区域が、大正中期頃まで、広大な淀川河口部の自然景観を残し、農業と漁業を中心に暮らしをなり立たせていた牧歌的風景だったものが、わずか20数年の間にいくつかの大企業と相対的に規模の大きい中堅規模の工場が集中し、そこで働く労働者の生活する住宅とその生活必需品を供給する商業地区が密集する典型的な重化学工業地域、すなわち阪神工業地帯の中核地域となっていった様子が生き生きと再現されていたのである。それらを確認すると、先に見たような大きな欠陥を抱えているとしても、やはりそれは全体として有意義な活動であったと改めて思う。

裁判においては、弁護士さんたちは、被告企業同士の「共同関連性」について立証しようと、ずいぶん努力された。裁判では個々の企業に対して個別の汚染物質の差し止めを求めるというよりも、全体としての環境基準以下のレベルに到達するまでの排出差し止めを求めたのであるから、これは避けられない理論的課題でもあった。しかし、この点についてはついにそのメカニズム、またその形成過程について十分納得のいく解明はできなかったようである。ただ、汚染の歴史を解明するなかで、西淀川区内では、戦前から住民の健康を考えず、農地とは言えない、葦などの生い茂る地価の安い土地を物色して自己本位に土地を取得し、当時としては一部大規模工場を含み、基本的には中規模〜小規模の工場を思い思いに建てて操業していった事実、また、そうした動きを区画整理などを推進した行政が支え、公害を取り締まるべき警察は被害の声を押さえ込んでいこうとしていた事実、これらに改めて気付くこととなっていった。こうして、戦後多くの患者を出し、その家族や関係者に多大の被害をもたらした西淀川公害には、その形成・展開において区内において操業していった企業とそれを誘導した行政には歴史的責任があることが立証されていったのである。

ただ、今思うと、ここでは視野をもっと広く、1931年の満州事変期以降は尼崎地先の工業用地造成の歴史とともに大きな意義を持つ尼崎市域や此花区・大正区などの企業活動や行政の取り締まり実態にまで及ぼして、その地域に立地していった巨大な規模を持つ被告企業の行動も具体的に解明し、西淀川区内に立地していった一部大規模工場を含む中小規模の企業活動との関連性を解明していけたらよかったとの反省が残る。もっとも、財閥系の巨大な重化学工業会社が広げていっていた資本関係の関連性を数字的に追跡し、その広がりを確認したこともあったことは述べておきたい。ただし、やはり明確な意味ある記録には到達できなかった。

このなかで、河野通博・加藤邦興編著『阪神工業地帯─過去・現在・未来─』法律文化社、1988年、に掲載した「阪神工業地帯の歴史」は、小田著『都市公害の形成─近代大阪の成長と生活環境』世界思想社、1987年、ともども書証として法廷に提出された。後者は別として、前記の著書は、先ほどの都市工業化の基盤形成史認識が行き詰まっていたなかでかろうじて書き上げたもので、どれほどの役割を果たしたものか、今もって心残りのところがある。前記論文の調査においては、大阪府と兵庫県にわたる共通のデータがなかなか揃えられなかったことも思い出す。

小山先生は、こうした多くの弁護士さんたちによる全体的な史実調査とご自身の研究を踏まえ、『西淀川公害』東方出版、1988年の著書を執筆した上で、証人として原告側および被告側の尋問にあわせて2回出廷された。弁護団が保存する法廷記録によると、被告企業側の反対尋問、――それはまさに非学問的な性格も強い、ともかく追い詰めればいいといった種類の揚げ足取り的な尋問であったが――、そこにおいて小山先生が巧みな反論を繰り返し、見事に逆襲していることに驚くとともに、筆者の名前もそうしたなか被告側弁護人から出ていることも確認した。後日、と言っても本当に後日の余談だが、最近になって被告企業の法務担当の仕事に従事していた方と親しくなり、もうひとりの方とも初めて名刺を交換したとき、お二人の口から、筆者の論文・著書とは何年にもわたって格闘したとのご挨拶を受けて恐縮してしまった。

『明治前期大阪編年史』の編集作業に着手

大阪市史編纂所では、堀田暁生氏と造幣局史料の調査とか、大阪中之島図書館内に事務所のあった大阪府史編集室での史料調査、あるいは春日出新田中谷家の所有する新田経営史料等の調査を行なったりしたが、1982年春頃から『明治前期大阪編年史』[37]の仕事に集中することとなった。

大阪編年史とは、もともと、1901年（明治34）に大阪市史の編纂長を任された幸田成友が、市史編纂のために収集した各種古文書あるいは古記録の写しを、それが語る年月日の順に従って並べ直し、さらに、まとめた史料の初めに内容を要約した綱文を付けて、歴史的意義を一目のうちに理解できるようにしたものであった。取り扱うことができたのは、上古の時代から1889年（明治22）末までであり、今正確に言えないが、1冊200丁ほどの和紙の綴りとして、合計131冊に上っていた。そのうち、幕末慶応3年末までのものは、戦後になって、そのまま活字化し、全27巻として広く一般の利用に供せられていた。筆者が依頼されたのは、そのあとに続く明治22年末までの翻刻出版についてであった。

筆者は、とりあえず大阪編年史の稿本に目を通してみた。そして、そこで当然のことながら幸田成友の仕事ぶりを直接目で見、その意気込みを肌で感じることとなった。すなわち、年月日順に史料を和紙に墨で丁寧に筆記した大阪編年史の稿本には、朱字で読点が打たれ、さらに至るところ小さな和紙の付箋が貼られていた。幸田成友は、そこで部下職員の行なった史料筆記のありように注意を喚起し、ときには叱責を加え、補足史料の存在を指摘してさらなる調査を指示しているのである。そこにおいては的外れというものがなく、簡にして要を得ているのを筆者は毎回確認させられた。史料を記録するのに写真もなく、いわんや現在のＩＴ機器など考えることもできなかった状況下で、ひたすら文字を書き入れるマス目を付けた和紙に原本を正確に写す筆記を重ね、史料の収集を充実したものにしようとする熱意には圧倒されるばかりであった。明治前半分に止まるとはいえ、まとめられた綱文の数は２１７０件あまりに上っていた。

　しかし、筆者はそれを、その後20世紀末年まで、１００年近くかけて調査された史料の発見状況と比較し、やはり、これは一から編纂することが必要なことを思い始めていく。それが史料に対する幸田成友の意思を引き継ぐ本道であるとも考えた。筆者は、大阪市史で集められていた明治前期に関わる史・資料に一つずつ目を通し、整理しつつ、あらたな史・資料を求めて新聞や雑誌の記事、あるいは古文書となっている原本の調査に取りかかった。

　筆者は、この仕事に併行して近代大阪に関する歴史研究史の調査を行なってみた。大阪においても、和歌山での見方・やり方と同じように、歴史のなかにおける人間の発見をめざした取り組みがどう行なわれているかと考え、いかなる研究が行なわれているかを知ろうとしたのである。しかし、独自の史・資料調査に基づくというよりは、『明治大正大阪市史』の記述に依拠し、それを言いかえたに過ぎない著述があまりにも多いことにすぐ気が付いていった。一方、明治前期大阪編年史に関わる史・資料を調査するなか、特定の有力者とは言えない、いわば庶民の動きを記した記述に次々と遭遇していくこととなる。

　筆者は、時代の変遷に注意しつつ、主な視点を都市あるいは都市化されていく地域に暮らした民衆に置き、その具体相を解明する史実を求めるべきだと考えるようになった。また、そうした史料を可能な限り探し出さねばならないことを思うようにもなっていった。ただし、『明治前期大阪編年史』は巨大な編年体の史料集積物ではあっても、歴史を体系的にまとめる史料集ではないこともつねに意識させられていった。しかも、いつ完成できるか見通しは簡単につくものでもなかった。見つかった文書や記録などの資料はどういう意味で歴史を解明できる史料となるのか、その都度その資料に即して考えていくことを心がけた。歴史あるいは人間と社会に関する大変広い視野を必要とする作業だということは、やればやるほど強く感じていった。

筆者は、1985年以降、大阪市史編纂所が発行する『大阪の歴史』の編集担当者から依頼されたときには、明治前期の大阪の歴史にとって重要と思われる史実を調査中の編年史料から選び出し、史料紹介を兼ねながら、問題提起的な短文を十数回にわたって書き続けていった。[38] また、従来の研究で曖昧な認識のままにおかれていた史実、あるいは大事でありながら不十分な認識に止まっていた史実を、発見された新たな史料を利用して紹介するといった作業も行なった。[39] 考えてみれば、この仕事は、現在の大阪市域に暮らしていた当時の市井の人びと、すなわち庶民の生活のありようを探究するための基礎的な史・資料調査の作業でもあったと言っていい。このときの史・資料調査やその検討が、第1期における和歌山での経験と相俟って、後に地域の歴史をもっと集中して考えるときの基礎を構築していったのではなかろうかと思う。大阪編年史は、後に再度述べると思うが、近代都市歴史学の基礎となるもので、最後の決着をつけるまで、何としてもやり通していきたいと願望する課題となっていったのである。

この明治前期大阪編年史の編集作業には大学院生など、多くの人が協力してくれた。そのなかにはのちに大学教授とか博物館学芸員等に席を得た人物も何人かいた。根気と丁寧さを必要とするその活動には、本当に頭が下がることが多かった。

文学博士の学位取得、あわせて『近代日本の公害問題―史的形成過程の研究』および『都市公害の形成』の出版

1983年6月筆者は関西大学から文学博士の学位を得た。論文のテーマは「近代日本の公害問題―史的形成過程の研究」であった。博士の学位を審査していただいたのは、小山仁示先生のほか日本近世史の津田秀夫氏と書誌学者というよりも右派論客として知られる谷沢永一氏であった。学位記授与式は関西大学内の関大会館2階で、学長から学位記をじかに手渡された。同時に授与された者は4人。いずれもすでに名を成した大先生ばかりであった。

その席上谷沢永一氏は、筆者の年齢が30代後半であることを何度か口にされ、今後の研鑽を期待するとの言葉を付け加えられたのを覚えている。あとで、聞いたところでは筆者の年齢を問題にする声も教授のうちには密かにあったとのこと。授与式の様子を撮った記念の写真をこのあと大学からいただいたが、たしかに他の取得者に比べ、筆者ははるかに若々しい風貌であったことが、今になるとよく分かる。

ちなみに、津田秀夫先生は、筆者が博士論文の提出に向けて作業を進めているとの情報を受けて、最初のうちは「まず500枚ぐらいは」と言っておられたのが、そのうち、「700枚ぐらいは」、さらには「800枚ぐらいは」というように変わってこられた。筆者は、枚数ならばもちろん、何の問題もな

くクリアできていたので、「はい」と言っていたのであるが、ひょっとしたら、教授会での上記の声を心配しておられたのかもしれない。その津田先生の評価は、まあ最低基準はクリアできているといったものであり、もちろん、じかにお聞きしたものであった。ただ、その基準とはどんなものかはついに明言されることがなかった。小山先生は「歴史的段階の規定は明快であり、画期的だ」と口頭で述べて下さっただけでなく、正式に論文審査の要領も記して下さった[40]。

博士の学位請求論文は、1981年4月大阪市史編纂所に勤務を始めて以後、毎晩少しずつ5ミリ方眼の半透明なB4版の謄写用トレーシングペーパー（縦40字に横30行、真ん中で折りたたむことを考えて2行分空白としている）にBの鉛筆芯を挿入したシャープペンシルで清書していったものである。基本的には既発表の論文に手を入れながらの清書であったが、帝国議会での議論を総括する文章は新規に書き上げた。

学位論文を構成する上でもっとも苦心したのは、個別論文を大きな論点のなかでどう有機的に位置付けるかであった。なるほど、個々の論文は近代日本公害問題史の全体が見えていなくても書いていけるが、大きな論題になると大きな視野が必要であり、個々の論文をそのなかに生かすたしかな歴史観が必要だな、と痛感したものである。個々の論文を配置するなかで生じる他の論文との重複とか、不足する論点の追加記述など、ずいぶん苦心を重ねた。最後の方では、論文書き直しの必要がなく、既述の論文をそのまま使えると判断したところでは、時間の節約のためその論文をコピーして5ミリ方眼用紙に貼り付けていく手法も採用した。それでも、完成までおよそ2年かかったことを覚えている。書き終えた原稿をコピー機で4部印刷し、見よう見まねで厚さ5センチほどの手製の製本とし、それが簡単には崩壊しないことを確認したときには、実にうれしい気持ちになったものである。

論文の内容は、公害問題史研究における基本的視点の説明から始まって、全国的な問題の多様な形成過程、そして工業都市化する大阪の公害問題の形成・展開過程となるように構成した。その論点は、第1期の記述のなかですでに述べているところなので繰り返さない。

博士の学位取得の2ヶ月前、1983年4月筆者は、同名の単著を世界思想社から出版した。さらに4年後の1987年10月には『都市公害の形成―近代大阪の成長と生活環境』と題する2冊目の単著を同じく世界思想社から出版した。2冊合わせて博士論文の全体をほぼカバーするという構成であった。いずれも、学会誌や『朝日ジャーナル』等で書評をされ、また市場でもよく売れたようで、それぞれ増刷を何度か重ねている。前著は37歳のとき、後記する著書は41歳のときであった。本の編集は水越賢二氏。同社に入社したばかりで、前記の本が最初の仕事と聞いている。丁寧なお仕事で、何色ものマーカーを利用した文字等の割り付けは、赤色のボールペンとか鉛筆だけでやっていた筆者にとって初めての経験で、なるほどと感心したものであった。前記書籍の出版直後に、電話で『朝日ジャーナル』1983年6月10日号に田尻宗昭氏が「本質的な視点に立って歴史を検証する」との表題で1ページ分の書評をしてくれているのを、弾んだ声で伝えてくれたのをよく覚えている。筆者は、すぐに近くの本屋でそれを確認し、雑誌を購入した。

ただし、有名な足尾鉱毒事件についての本格的な論及ができないままでの出版で、「公害問題」の形成という点ではそれが逆に意味ある所以でもあったが、いろいろな書評でも指摘され、大きな欠落部分でもあるとの反省は、その後折に触れ強く思うようになっていく(41)。筆者は小田編著『公害・環境問題史を学ぶ人のために』世界思想社、２００８年、で初めて足尾鉱毒事件を歴史的に位置付けることができた。また、第４期の記述で出てくるが、明治期の帝国議会衆議院議事速記録の調査で田中正造代議士の発言等を全部見ることができ、その中心的発言内容と論理構成を知り、その行動のすさまじさと日本近代史に有する巨大な意義を確認するとともに、基本的には大きな間違いを犯していなかったことが確認できた。

大阪電気通信大学への就職

１９８４年４月筆者は大阪電気通信大学に専任講師として採用された。当時は工学部のみの単科大学であった。ちょうど社会がＩＴ化に向かって大きく進んでいる時代であり、学内は勢いと活気に満ちていた。言論も活発で、教授会は講師まですべて参加して発言が飛び交い、しばしば夜遅くまで及ぶこともあった。ただし、教養課程についての議論は全般に低調で、その目的・目標は担当者一人ひとりに任された感が強かった。

筆者は「史学」担当ということで、茫漠たる科目をひとりで引き受けることとなった。西洋史とか東洋史とかいったレベルで見ても、誰ひとり同じ方面の研究者がいないことには、たいへん戸惑うこととなる。大学としては歴史学というものの要点を学生に伝えてほしいということであったと思うが、工学系の専門学科に所属する教員からはどんな意義付けであったのか、これまた積極的な発言はほとんど聞くことがなかった。

大学は生活を安定させてはくれたが、研究仲間からは遠いところに存在していたことはすぐに分かった。幸いなことに明治前期大阪編年史の仕事は継続でき、和歌山方面での自治体史は関係を続けていた。また大阪歴史学会等々の学会関係ともつながっていた。筆者は、そうした条件のなかで、工学系の研究者と交わり、案外多くの刺激を受けることとなる。そのなかで実は思わぬ視野の広がりを手にしたことを述べておきたい。

最も驚いたのは、工学系の研究者達が、案外実証家であり、たしかな成果を得るために費やすところの根気の強さであった。彼らは、理論は押さえながらも、肝心なところではいつ成功できるかも分からない実証の世界に取り組んでいかざるを得ない分野で勝負していたのである。また、もう一つ驚いたのは、研究発表を「講演」と表現し、プレゼンテーションに工夫を凝らし、10分前後の短い時間で最高のインパクトを与えるという、その時間の短さと展開技術であった。歴史系の学会発表がひとり1時間は最低という話をすると、誰もが驚いたものである。また、外国での講演、外国語（主として英語）での論文記載、複数の査読者の存在を論文評価の頼りにするところも、学問の国際性と評価の公正さを追求するという点で、新しい文化との遭遇といった感を持った。

研究費は大学から基礎的で、かつ基本的には平等な配分があったが、さらにテーマの優位性を訴えて多額の配分を受ける者もいた。その額は1年間で数百万円に上るものもあり、文系の学問との違いを示していた。後者については、文科省の科学研究費助成のほか、各種の助成金確保が徐々に増えていき、ついには億を超える金額の研究費を使う方も出てきた。筆者も、相当後年になってからだが、学外からの助成金獲得に挑戦し、一つは住友財団(42)、もう一つは文科省科学研究補助金(43)からの研究支援を受けることとなった。

一方、大阪電気通信大学では教養科目という存在についていろいろ考えさせられた。工学系の学問で世に出て行こうという学生にとって「史学」の考え方というのは、いかなる意義を持つものか、それにふさわしい講義内容とはいかなるものか、どのようにそれを伝えればいいのか、考えるとともに、実際の授業で実践することも求められていた。筆者は、教養という切り口で工学系の学生を対象にした教科書を書き、使いながら考えていくこととした(44)。考えていたことは、講義する自分が楽しくなければ、歴史を学ぶ楽しさは学生に伝わらないのではないかということであった。そこで、研究過程で気が付いた学問上の要諦を伝えるために市民向けに書いていた短文を集め、また、研究課題に関する提言や研究条件の整備課題をめぐって書いてきた問題提起的な論文で、一回の講義で使える長さに止まっているものを探し出し、それを中心に構成することとした。

できあがってから気付いていったことだが、教養としての歴史学教育というのは、歴史という学問の理念を振り返ることに結びつき、また結びつかねばならなかった。歴史学を平和と民主主義そして人権の確立に貢献できるものにしていきたいという願望を持つ筆者にとって大いにその意義をみとめるものであったが、実は容易な課題ではないということもずっと思い続けることとなった。

一回の講義で伝えることを一つに絞ることが重要であること、そうだとすれば、なにを、どのような流れのなかで配置するか、また、それぞれのつかみをどう設定するかに工夫を凝らすべきであると考えた。前期と後期とでは授業の基本テーマを変えた。前期には歴史を知ることに関する話を中心とし、後期は、日本の近代史をどう見るかに関する話に集中するようにした。

歴史は資料が残っていることとそれをどう合理的に解釈するかにかかっていること、資料の背後に横たわる人間の意思を読み取ることの重要性を、具体的な資料を紹介しつつ語っていくこととしたのである。資料は、筆者自身が遭遇し、その歴史的意味を考え抜いたものを使った。

受講生は多人数になるときもあれば、時間割上の配置関係で案外少人数に止まるときもあった。だが、どこまで当方の想いを伝えられたか、反省すべきところも多々あるのではないかと考えている。退職に至る最後の10年ぐらいは、毎回の授業ごとに、内容の要約と意見を一定の枠内に記すようにしたA5の特製用紙を授業の開始時に配布し、回収したものにコメントと評価を付けて次回には返すようにした。毎週3～400枚に上る用紙の整理は大変であったが、授業の回を追うごとに、受講生の理解が進んでいることを感じていくこととなった。そんななか、途中まで休まず出席を続けていた学生がある日を境に欠席を続けることも、毎年経験することとなった。いろいろな理由が考えられるが、個々にその理由を明らかにしていくことはできなかった。

『和歌山市史』『貴志川町史』の完結と『粉河町史』編纂事業への参画

第2期に至っても、和歌山を素材とする調査・研究は、和歌山市史編纂室および貴志川町史編纂室から継続的な依頼もあり、途切れずに続いていた。和歌山市史は、1981年春以後は第9巻の編集に関する追い込みがあり、そのあとは通史編全3巻の著述が残っていた。貴志川町史も史料編の発刊に向けて忙しくなっており、通史編の執筆も残されていた。このうち、和歌山市史は三尾氏もおられ、また後任の嘱託にも恵まれたため、史料編最後の1巻である第9巻についてはほとんど手を焼くことはなかった。しかし、一から文章を書いていかねばならない通史編全3巻については、どうなることか、前途多難なものを感じていた。ただ、幸いなことに史料編ができており、追加の史料に関しても多様な存在が確認できていた。筆者はそれらを利用して1989年には近世編（第2巻）のうち最後の部分である長州征伐と戊辰戦争の経過をめぐる藩内各勢力の動きや領民の対応をまとめ、翌年には明治維新期の動静から明治期新聞・雑誌の発刊、自治・自由の政党対立、日清・日露戦争と市民の対応、市民文化の形成、戦時下の市民生活、空襲、復興期の市民生活、災害など、全体のなかで一定の分量を占める執筆に従事した。この執筆においては、毎朝早く起き、ともかく一項目ずつ史料を押さえ、原稿に着手し、前に向かって進めていった。

一方、貴志川町史は、全1000ページ以上の史料編のうち6割に上る近現代史料の編纂だけでなく、大阪にある印刷屋との交渉も任されることとなり、通史編もこれまた文章表記の統一や近現代史以外の校訂作業も事実上任されることとなった。

筆者は、貴志川町史のうち近現代史料は、新聞記事を一つの柱とし、地元に残る原資料、なかでも、大正期農家の農事日記、戦後の合併で初代町長に選ばれた人物の1年間にわたる町政を記録した日記を翻刻するなど、可能な限り、地域の記録や文書に寄り添い、ユニークな編集を実現することに努めた。後者の作業に当たっては、1982年だったと思うが、関西大学の後輩たちの手を借り、2泊3日で最後の作業を突貫で行なったことも思い出す。さらに、1985年には通史編の刊行前に、町民の方多数に集まってもらい、2日間をかけて聞き取り会を実施し、その内容をテーマごとに並べ直して『古老に聞く貴志の里』と題する200ページ足らずの書籍を編集したことも忘れられない。地元に密着した歴史の解明という姿勢は、いよいよ強くなっていたと言っていいのかもしれない。

このような状況で、和歌山市域に関する市史以外の歴史的な研究は、市史通史編の締め切りが全体として延期されたこともあり、また和歌山から日常的には離れた結果からとも思われるが、どうしても、その場しのぎの性格を強めていくものとなった。研究雑誌とか記念論文集など当面の執筆課題が出てきたときには日頃の問題意識に基づいたテーマを選びながらも、調査時間が限定され、本文の執筆時期が迫ってから、やむなくあり合わせの史料を紹介し、あわせてその史料から見える地域の歴史像を語り、その歴史的意義を考察するといった形に止まらざるを得なかった。(45)

こうしたなか、1983年からは粉河町史の編纂事業が新たに始まった。和歌山市史編纂室でずっとお世話になっていた三尾功氏の紹介で、編纂委員には同氏のほか、委員長として熱田公氏（神戸大学）が就任、高嶋雅明氏（和歌山大学）それに栄原永遠男氏（大阪市立大学）といったそうそうたるメンバーであった。

粉河町は、西国33所観音霊場の第3番札所として知られる粉河寺の門前町として、大きな都会地からは離れているとはいえ、中世以来の歴史的伝統を誇る気風があり、史料を大事にする土地柄でもあった。さらに追加しておくと、門前町粉河を中心に広がる地域では明治前半期に地租改正の実施をめぐって激しい反対運動があり、それが自由民権運動につながるという、人権の歴史的発展を追求しようとする人間としては取り組んでみたい魅力に満ちた歴史を多分に有していた。これらの歴史については、すでに町内外の研究者による研究も相当蓄積されていた。町の真ん中を東西に貫いてゆったりと流れる紀ノ川、それを南北から取り囲むように小高い山々に挟まれた風光明媚な土地、そこを舞台に個性に満ちた人びとがそれぞれの人格を主張して止まないまちであった。筆者は、このとき以来和歌山市史・貴志川町史と併せて3ヶ所の資料調査そして通史編執筆のための研究に従事することとなったのである。

ここで粉河町についてさらに述べるならば、粉河町は、昭和の合併で紀ノ川左岸の旧高野山寺領の龍門村と、そこにそびえる龍門山を越えてさらに南へ山地を鞆淵川まで下り、いくつかの集落を横目にさらに南へ上る鞆淵村を合併していたため、和歌山県に来て初めて旧高野山寺領の村々に対する学問的接近が可能となった。その険しい山々の谷間や裾野に広がる上記2地域に展開した歴史は、紀ノ川によって開けたその下流部とは何となく趣が違って見えたものである。ただし、そうした地域であっても実際には近代文化とも、都市和歌山市とも相互に深く関係しており、戦後すぐの頃には日本農民文学の担い手であった上政治を生み出し、その一方では、現在では旧時の共同体がじつは消滅に瀕していたことも見出していった。また、幕末の頃、全国を震撼させた天誅組に関する記録がたくさん眠っていたことも分かってきて、それらを掘り出すことができた。

天誅組に関しては、その調査に関連して幕末期~維新期の高野山の動きについても多少の知識を得た。すなわち、天誅組が資金と兵力を強化するために高野山に入り、味方になるよう強要したとき、高野山側では「夷狄の退散を願って祈禱している」と答えて協力を断ろうとしたのに対し、天誅組は「祈禱で夷狄は退散したか」と尋ね返し、僧侶たちを黙らせたこと、また、それ以後は天誅組に対し、高野山は武装勢力としての紀州藩だけを頼るという世俗的行動をとったことと合わせ、高野山の信仰に対する信念が形骸化していたのではないかと批判したことも思い出深い。また、粉河町役場の鞆淵支所において旧村時代の役場文書を廃棄するというので、見に行ったところ、日中戦争以降出征した方々の個人カードが綴られており、それとは別に戦没した個人の記録も100枚前後同じように綴られているのを発見して持ち帰ったことも思い出す。紀ノ川の流れを訪れるたびにその流れを慈しむと同時に、調査を重ねるごとに筆者の歴史観にも新たな一面が付け加わっていったことを思うのである。(46)

『関一日記』の翻刻・校訂

こうしたなか、1980年代半ばの頃であったが、戦前期大阪の名市長と謳われた関一の関係資料が、その孫である大阪市立大学教授の関淳一氏（のち大阪市長）の自宅に保存されているのが分かった。大阪市史編纂所の協力のもと、都市行財政学の権威でもある宮本憲一氏と小山仁示先生を中心に関一研究会が組織された。ちょうど都市に焦点を絞り日本の歴史を考察しようという「都市史」への関心が高まっていた時期でもあったためか、これに興味を抱く研究者が多数集まってこられた。

調査が進むとともに、そこから研究会の共有認識として『関一日記』[47]の翻刻出版がめざされた。多くの方々が分担して翻刻作業に従事することとなった。筆者は、そのなかで明治～昭和初期の文字が比較的しっかり読めるということ、および大きな本を割り付けた経験を持っているというところから日記本文の翻刻に対する校訂さらに印刷用の割り付け作業を担当し、一定の役割を果たすことができた。東京高等商業学校教授という学者の世界から出て大阪市助役、市長といった市の中枢を担った人物の、市政に対する認識や方法がリアルに表現されている史料、しかも第1次史料に遭遇し、読み通すことができたことは心躍ることであった。

ただ、期待していた市民生活の実態に対する言及たとえば煤煙被害の調査とかいった方面の記事が思ったほど出ていないなという感想を持ったことも否めない。今考えると、都市行政に先進的な考えを持った関一にしても、都市の生産機能確立だけではなく、都市住民の暮らす場としての生活環境改善を実現するためには、都市工業化を遮二無二推進し、その実現を優先する商工・産業界等の意思、それを支える行政施策との対決が不可避といった課題をまだ必ずしも強く認識するには至っていなかった、という歴史の実情を反映していたものかもしれない。ただし、大阪市上空の煤煙汚染状況を飛行機から調査した1枚の大きな空中汚染地図が出てきたときには目を見張ったものである。

この研究会は近代都市史の中心としての大阪の名前を全国にとどろかせたし、筆者の古くからの友人であった芝村篤樹氏（桃山学院大学）の名前も大きなものにした。ただ、筆者は、この時期、「都市史」を唱え、大きな影響力を発揮していた多くの研究者たちが当時試みていた、都市の政治のなかから日本の近代史全般を見ていこうといった研究の進め方とは視点が違っていたためか、何となく距離を置いて、ついにこの流れには積極的に参加することはなかった。

筆者にとっては、都市はそれがいかに巨大な存在であっても、日本の一部を構成する地域であって、そこから日本の政治を見ようというのは、日本政治の諸要素を都市の諸現象にのみ限定するもので無理があると考えた。また、政治に論点を集中することで都市そのものの持つ多様性からも目を外すことにつながり、都市そのものは言うまでもなく、住民あるいは市民と呼ぶ人びとのさまざまな課題をも見落とすことになるのではないかと考えた。いや、「都市史」とはそんなものではないと主張されたならば、都市の重大問題のうち、なぜ都市の統治に論点が集中するのであろうか。その必然性を論じるべきではないだろうかと考えていたのである。

ところで、この文章を書いている今考えるのであるが、筆者はこのときなぜもっと深く関一を研究しなかったのだろうか。おそらく、当時の筆者には、大都市行政のリーダーという人物の問題意識に分け入ることが生み出す学問的展望・成果への気付きが弱くなっていたためであろう。関一については芝村氏が成果を上げているから、それでいいと考えていたのかもしれない。

しかし、市政の指導者が当該市の陥っている隘路をどう理解していたか、またどのような人たちのことをその視野のなかに入れていたのか、そうした分析のなかにこそ、その時期、時期における市政の基本認識が示され、その問題点も見えてくることに、この時期にこそもっと注目すべきではなかったかと思う。

そもそも、関西大学の院生時代、芝村氏に関一の研究を勧めた動機もここにあったのである。また「志賀志那人の思想的発展と愛隣信用組合」[48]を書いたときには、関一からは少し遅れて大阪市に入り、市立北市民館長に就任し、公的セツルメントの活動に生命を賭して奮闘した志賀志那人が交流した市井に生きる大阪市民への観察を通して、それがいかに市民目線に立っていたかを論証しているのである。なぜ、このやり方を助役・市長といった市政の中心人物について、当時行なうことができなかったのか。せっかく第1次史料から研究する機会を得ながら、実に間が抜けた話ではなかったかとつくづく思う。

大阪市公文書保存基準の策定

１９８０年代初頭以来、大阪に関わる地域史料の調査は、大阪市史編纂所という有利な地歩を得て大きく進展したが、それでも、期待する資料がなかなか出てこないという不十分な状態を必ずしも十分に脱することができなかった。このようななか、明治前期大阪編年史の事業の方は順調に進んだ。１９８５年頃には、幸田成友の収集した編年史の綱文の整理も終わり、新規に付け加える資料の取り出しにもメドが立つようになっていた。この頃には、それらを併せておそらく明治５〜６年頃の記録整理に従事する辺りを進行していたと思う。維新期の激動を反映する資料も多く、興味を惹かれることも少なくなかった。

資料は1冊に200枚前後を詰めることができるB5判ファイルにまとまった文書等をコピーして糊付けし、テーマ1点ずつに綱文を付けながら、年月日順にそれを編綴していった。この間、はさみの使い方と糊の付け方には一家言を述べるほど、習熟していった。

明治前期大阪編年史では、史料が語るものがいかなる分野に属するものか、ひとつずつ考えながら綱文をまとめていくことに精神を集中した。また、同じ一つの事件や出来事に対し、違った立場から情報を提供する別の史料を探し出し、相互に比較しやすくすることにも努力を重ねた。コンピュータが導入される以前であったため、検索機能を利用することができず、ただ、記憶だけを頼りに作業を進めたものである。あれ？ このテーマはどこかで見かけたぞと感じても、それを具体的に特定する便利な方法がなく、すぐ手前の時期に挿入していた史料であってもなかなか行きつけないこともしばしばであった。

こうしたなか、1984～85年度、大阪市総務局文書課からの依頼で大阪市公文書館設立に当たって、市の公文書のうち有期保存とされている公文書で、歴史的・文化的価値を有するものを選び出すため、市で作成している公文書の編綴基準を頼りに現物を見本調査して、保存か廃棄か判断する基準の作成に協力したことがあった。委員は、大阪市史料調査会に採用されていた堀田暁生氏・三輪泰史氏と筆者の3人であったように思う。

そもそも、市が所蔵する文書とはどれほどの量があるのか、見当もつかず、しかも、残っているのはほとんどが戦後の文書であり、膨大で多方面にわたる大阪市という行政機関の業務を細かく理解していたわけでもなかった。こんなことで、具体的な評価を下せる力量があったとはとても思えなかったが、可能な限り歴史認識にとっての有用性を考え出すことに努め、市の各部署を訪問して出してもらった公文書を前に、担当者とやり合いながら約2年間調査に従事した。この間、大阪市の公文書がどのように編綴され、所蔵されているか目の当たりにすることができた。よく整理された文書を丁寧に綴った分厚い書類を見るたび、その行政能力の高さに感心したものであった。それは誠に得がたい経験であったと言える。

当時、公文書の保存、公文書館の設立を願う声は多くの歴史学界やその他の関連学界から上がり始めており、筆者もその流れと無関係ではなかった。一方、大阪市も市の歴史を知るための基礎としての公文書の存在に注目するとともに、情報公開の視点からもほぼ同じ時期に公文書館の設立を考え出していた。これは大阪府についても同様であった。筆者は、前2氏と話し合い、何とかよりよい施設にしたいとの思いから協力したものであった。

ただ、こうして保存することになった市の公文書であったが、当時心は明治前期大阪編年史の編集作業に没頭していたこともあり、現に残る公文書中には、それが対象とする明治前期に属するものは存在していなかったこととあわせ、筆者は、まだほとんど利用し得ていない。現在ではネットを通じて記録を検索することもできると聞いている。いつかは、第2期の初めのところで記した大都市の工業的基盤形成に関わる課題その他に取り組んでみたいものと考えている。

全国各地の公害地域の歴史を調査

一方、1990年頃、すなわち第2期の後半以後になってからであるが、歴史的な公害問題発生地域を調べることを思い立ち、岐阜県荒田川流域・福岡県大牟田地域・同筑豊地域・大分県佐賀関地域・熊本県水俣市地域・富山県庄川流域・同新湊地域・秋田県小坂鉱山地域そして栃木県足尾鉱山とその鉱毒被害地などを年々に訪問し、関係資料を調査したことも、この時期の活動として思い出す。これは毎年大学から支給されていた通常の研究費をやりくりしながら実現したものである。

この調査を通して初めて、概略ながらも大阪や和歌山以外の地域史に対する公害の影響を考察する条件を整備することとなったことは間違いない。各地を訪ね、歴史に知られる公害発生地域に関する土地勘を得ただけでなく、公害問題と地域史あるいは全国史との関係を広い視野に立って改めて問うこととなったのである(49)。

各地とも図書館等で文献を読み、実際に歩いてみて、その関係地域の広いことを実感することとなった。なかでも、足尾鉱毒事件に関しては、1990年頃から数回にわたった調査のなかで銅山地域の広さと風景の異様さに驚くとともに、谷中貯水地を東西に横切ろうとして数キロにわたるその距離を徒歩で歩き、さらに方向を転じたときには、集めた資料を詰め込んだ大きなカバンの重さが骨身にしみたことを今も忘れることができない。

ただし、こうした知見が生かされるのは、次の第3期以降を待たねばならなかった。

司法資料の保存運動

１９９３～94年には司法資料保存運動への参加・尽力があったことは重要である。この運動は最高裁からの一通の文書から全国的に広がったもので、日本近代史研究者にとっても重要課題として大きな反響を生み出したものであった。筆者もこれに対応し、さまざまな意見を述べていくこととなる。[50]あとでも述べるが、関西司法資料研究会を立ち上げ、多様な研究者が協力する場としたことも重要かと思う。ただし、司法資料保存運動全体についての歴史的総括は全国的にはまだなされていない。いずれにしても、筆者にとっては広範な民衆的史料を見つけ出したいし、残していきたいという必然的な思いとつながる運動となったものであった。筆者は、考えることのできる行動はすべてやったと言ってもいいくらい、努力した。[51]

司法史料保存を訴える筆者の存在が広く知られるようになった始まりは『日本史研究』第３７２号、１９９３年8月、に掲載された「民事判決原本の永久保存の廃止と民事事件記録等の特別保存について」と題する小文であった。これを読んだ朝日新聞の木村勲記者が電話で取材を申し込まれ、それを基に10月7日夕刊に「民事判決原本の廃棄に疑問の声」と題する囲み記事を書き、筆者の意見を紹介してくれた。時期は若干前後するが、9月17日には法制史学会・日本史研究会・大阪歴史学会・大阪府公文書館からの代表数人で大阪弁護士会と会見し、弁護士会としての見解を質すことも行なった。[52]法制史研究の泰斗であった牧英正先生から保存をすべきは、判決原本だけでなく裁判関係の訴状・陳述書・書証など一連の司法資料であるべきだとの意見にも賛意を表し、それを主張していった。

この運動のなかで、筆者は歴史家のみならず、法制史研究者や文書館関係者あるいは弁護士や政治家など、多くの人びとと協力関係を結ぶこととともなった。9月には関西司法資料研究会を、牧英正先生を委員長として、近代日本法制史研究会山中永之佑氏、日本史研究会奥村弘氏あるいは大阪府公文書館の大西愛氏など関西の有志に参加を求め設立した。そして、ここを起点に各地で開かれた全国的な集会等にも参加した。地方史研究協議会の若手で中心メンバーだった松尾正人・久保田昌希・佐藤孝之氏、各地文書館等のアーキビスト（たとえば石原一則氏）あるいは竹沢哲夫氏などの有志弁護士との意見交流を重ねた。筆者は一生懸命にこの運動に取り組み、その結果、筆者の存在は各方面に広く知られ、活動範囲も急速に全国的なものとなっていった。11月12日には大阪地方裁判所の書庫見学会を行なった。11月中旬には土井たか子衆議院議員に手紙を送り、政治的方面からの影響力行使をも求めている。翌1994年3月8日には大阪で全国的なフォーラムを開き、50数名参加の下、そこに西淀川公害訴訟で知り合った早川光俊・津留崎直美両弁護士に来ていただき、報告してもらったことも思い出す。秋には牧先生とともに大阪高検検事長と懇談したことも記憶している。

1994年4月～5月には大阪地裁・高裁職員のご配慮のもと、大阪地裁の書庫に保存されていた判決原本の山に高岡裕之氏とともに分け入って、その編綴の原則を考察し、具体的な事件について実際に判決原本を読み、考察したことも懐かしい思い出である。(53) 判決原本という言い方についてもその歴史を解明することができた。(54) 運動が広がるなか、6月からは使えるようになったばかりのワープロ機を使って、毎月1回の割でB4用紙裏表2ページを基本に『関西司法資料研究会ニュース』を9号まで発行し、関係者・機関に送付したことも思い出深い。

今改めて思うのであるが、近代庶民の歴史を知るために果たすべき司法資料の役割は実に大きい（これは検察庁の刑事事件を扱った資料も含めて言うことである）。この活動は、判決原本が全国高裁所在地で法学部のある国立大学に保管されることとなり、さらには国立公文書館が別館を建てそこに収蔵することに変更されるなか、全国的にも１９９５年1月の阪神・淡路大震災後終熄していくが、この運動をどう総括するか、いつかは整理してみたいとの思いは強いものがある。と同時に、公文書館をそのために利用される方が増えることを願うばかりである。

第3期　歴史学の根本課題への反省とそれが噴出する場の認識へ

（1995～2006年）

1995年阪神・淡路大震災。1999年地方史研究協議会大阪（堺）大会開催、実行委員会事務局長。2001年旧真田山陸軍墓地とその保存を考える会創立、代表に就任（2004年理事長）。

阪神・淡路大震災の衝撃

第3期は1995年から始まったと考える。その始まりの時期に、忘れられない思い出として、「歴史学の対象とは、またその目の付け所とは」という根本課題に関して考え直しを求められる出来事に遭遇した。それは、1995年1月に起きた阪神・淡路大震災をきっかけとして生じた一連の経験であった。すなわち、震災は、筆者の人生観に衝撃を与えただけでなく、それまで考えていた歴史学の根本についいて考え直すきっかけをも与えてくれたのである。

1995年1月17日未明、筆者は建物の大きな揺れと、何かが倒れ、落下する音に目を覚まされた。

これは大地震だと直感するとともに、震度は6（当時の最大震度）に違いないと、布団の中で横になったまま推測した。さらに下から突き上げるような揺れも感じながら、むしろ東西に揺れていることから震源地は神戸方面か、大阪方面かとも推測していた。もちろん、震度6などという揺れは、それまで一度も経験したことがなかったから推測に違いないが、実は和歌山在住時には何度も中央構造線に由来する小地震を経験し、震度4まではほぼ正確に言い当てることができるようになっていた。震度は5からそれ以上であることには間違いないと直感したので、仮に6と考えたのである。それよりも、まずは建物が倒れないかと気になったが、最新の建築物は震度6に耐えられるように設計を命じられているはずだから、まずは大丈夫と思い、しかし、不安とともに本震の収まるのを待った。布団から起ち上がり居間に出ると、薄明かりのなか、玄関に置いていた懐中電灯が床に落ちて天井付近を照らしているのを見た。このときなにか助かった気持ちとなったことが忘れられない。

スリッパを履いて玄関に行き、その懐中電灯であたりを照らして見たとき、台所の冷蔵庫や棚が向かい合って互いにもたれ合い、冷蔵庫のドアは開き、引き出しは飛び出し、食器棚も同じ状態で、いろんな食器類が床に散乱していた。書斎は本の海といった感じで、大きくて、重い辞典なども床に積み上がっていた。この部屋で仕事を続けていたらとか、寝ていたら、どうなっていたのだろうかと恐怖が沸いてきた。昨晩作業していたワープロは机の上に止まっていたが、半分近くが机の面からはみ出していた。家のカギなど、落下した本の下にいってしまったようで見つからず、その後数日はカギなしで生活した。

やがて、水道が出ないこと、電気・ガスが通じていないことが分かり、知り合いに自分の状況を知らせようとしたが、電話もすぐに話し中の音ばかりで通じなくなった。どこからともなく公衆電話が通じるとのことで、団地内の電話ボックス前に行くと、長い列。順番を待っていると、あとから並んだ人の話で、神戸三宮は壊滅状態などとの話が聞こえてくる。勤務先の大学は後期試験が始まったばかりで、自分は無事だが、しばらくはとても通勤できる状態でないことを伝えたところ、いつ出て来られますかと間の抜けた応対。ああ、事情が分からないとはこういうことかと感じたものである。

その後も、近所を歩いて被害の様子を目で見、対策を行なう行政やボランティアの活動を眺め、10日間ほどは震災後の処理に余念なく過ごした。驚いたのは、数日後、大阪市内で高校の先生方に講演する約束だったことを思い出し、先ほどのワープロにレジュメを書き始めていたので、読もうとしたが、なぜだか読むことができない。内容を思い出そうとしたところ、考えていたことを何も思い出すことができないという状態であることを体験した。また、これに関わって述べておくと、大阪での講演に行こうとして、幸い川西能勢口駅からは大阪方面に通じていた阪急電車で梅田に着いたとき、梅田では煌々とネオンがつき、人びとが何事もなかったように普段どおりの服装で歩いているのを見た。屋根瓦がずれてしまい、壁に大きな亀裂が生じ、建物自身が歪み、今にも倒れそうな建物があちこちに見えた自宅近くの景色とか、あるいは妻の実家がある宝塚など筆者自身が見聞した震災地との落差は言葉にならない衝撃であった。

この間の体験は、さらにいくらでも書くことができるが、とりあえずはここらで止めておこう。揺れの恐怖がまだ続いているなかで、日々伝えられる震災激甚地の様子を幸いに受信可能となっていたテレビなどで見聞きするなか、自分はよく生きていたと思い、ここまで50年にわたる人生を振り返り、まずまずの仕事はしてきたなという安堵感とともに、これから先は、なかったものとして仕事を積み上げていこうという、一種の振り切った思いも湧いてきた。

いずれにしても、この阪神・淡路大震災の体験は、歴史認識から漏れていた重大な課題の存在を再検討する新たな視点を生み出したのである。すなわち、地震は自然現象であるとしても、人間社会の弱い環に被害を集中させ、その後の地域の歴史にも大きな変化を生み出すこと、また、社会やそれを支えている文明を見る人間の意識にも変化を生み出していくという視点である。庶民の歴史を知ろうとしていながら、庶民が蒙ったこのような大きな災厄を歴史のなかに位置付けることを考えてこなかった自己の研究に対する反省が大きく沸き起こってきたのである。

安政の地震津波碑との遭遇

本震と余震の恐怖からまだ解放されていなかったある日のこと、筆者は、大阪市大正区を歩いていて偶然、今も残る嘉永7年（安政元年＝１８５４）の地震津波の災害を彫り込んだ記念碑に遭遇した。碑文は、人の背丈を少し超える高さで、四角く加工された大きな花崗岩に崩し字でしっかりと彫り込まれ、かつ黒色の墨で上書きされていた。(55) その碑文を読んだとき、筆者は、そこに当時その地震を経験した人びとが、その約１５０年前すなわち宝永4年（１７０７）の大地震と大津波の被害をすっかり忘れていたことを悔やみ、今度こそ忘れないためにこの碑を建てると記載しているのを確認した。このとき筆者は、嘉永・安政の地震と津波を経験した人がこうした碑を建てたこと、当時後悔の念を持った人が多かった事実を気にも止めず、歴史を考えていたことに気付いたのである。

大正橋近くの地震津波碑を見た衝撃は地震の衝撃とは性質が違ったが、筆者に与えた衝撃はそれ以上だった。一つは、大阪や和歌山の地域史研究に熱意を持ち、そこに生きた多くの人びとの受けた歴史上の災厄を記録し、それに対応する行動を解明しようとしていながらも、自然災害のことはどこか余所事とし、当時世間に流布していた関西に大地震は来ないという予断を疑うこともなかった自己の暗愚さにあきれたのである。

また、同じく、それにほとんど注意を寄せることもなかった歴史学界全体の責任も強く感じた。実際、大地震が与えた被害、その後の歴史に及ぼした影響等、その実相を解明する歴史記述の重要性に気付いた後のことであるが、1923年（大正12）9月1日関東地方だけでなく日本中に恐るべき被害とその後の変化をもたらした関東大震災ですら、一般的な歴史書では、被災時における朝鮮人あるいは中国人虐殺および大杉栄等社会運動家・労働運動家の殺害については記述しているが、具体的で多様な被害の全貌も、被害者に関する分析的な記述もないこと、また、災害後の復興計画の出現は記載しても、それに対する被災者の対応、またその後の暮らしの変化が語られていないことを確認し、愕然としたことを思い出す。(56) もちろん、筆者においても、1989年4月発行の『和歌山市史』第2巻（近世通史）において幕末の歴史を書いたとき、『小梅日記』（東洋文庫本）の記述（世の中が混乱し、人びとが争うときには地震・疫病も続くものだと述べた小梅の感想）を紹介しつつ、幕末の不安な世相を説明していた。だが、それは、あくまでも不安な世相としての紹介であり、地震や津波の実相、それを契機とする社会の変化を解明しようとする記述ではなかった。また、同じ頃に流行し、人びとを不安の底に落とし込んだコレラの広がりについても、多少の差はあれ、扱いは同様であった。

震災はいかに大きなものであっても、しょせん自然現象であり、社会の変動を研究対象とする歴史学にとっては非本質的で偶然的な存在に過ぎないといって思考の対象としてこなかった考え方にむくむくと疑問が湧き上がってきたのである。言いかえれば、震災は社会の構造と意識の構造を大きく変えるきっかけになっている事実を直視しなければならないし、そうしたものとして庶民の生活に及ぼした変化を見ていくべきだと思い始めたのである。阪神・淡路大震災の後、神戸大学はじめ、阪神間の大学等で粘り強く広がった震災史料救出の活動を見ながら、これらのことを折に触れ、論じていった。ただ、文章として残したものは前掲嘉永安政地震津波碑を紹介する論文を除いて少なかったことは残念である。(57)

「大大阪」の形成を西淀川区地域の変貌から論じる

歴史学のあり方に対するこうした反省を重ねていたときのことである。都市における地域変貌の歴史叙述についても考え直す機会がやってきた。直接のきっかけは、大阪市西淀川区に拠点を置き、公害で痛めつけられた地域の再生をめざして活動を始めたばかりの財団法人（現在公益財団法人）公害地域再生センター（あおぞら財団）と協力して、1997年3月16日大阪歴史学会が同地で「見学検討会」を開いたとき報告者として準備した資料調査と考察であった。

西淀川区は、１９２５年に西成郡と東成郡のすべてを大阪市が併合したときにその一区として成立する。管轄する区域は新淀川下流の両岸を含み、東と北は現在のＪＲ線を越えて広がっていた。また、土地の形も大きく相違していた。合併以前には新淀川左岸（現在は此花・福島・北区の一部）を中心にいくつかの大・小の化学工場などが立地し、現在の西淀川区になるところの右岸部には日本紡績会社や大阪旧市を立ち退いた大阪アルカリ会社などが広大な敷地を確保し始めていた。しかし、現在の西淀川地区を全体として見た場合、神崎川や、その分流である大野川・西島川は流量豊富で、その流路には葦などが生い茂り、その間に農地が広がり、また、福町や大和田など漁業を主産業とする地域も点在しており、のどかな風景を残していた。

市域を広げた大阪市では、農・漁業を中心とする地域を有効に生かした住み心地いい都市を造るという意気込みを持っていたようである。しかし、市は結局都市を支える工業地域として開発していく道を選んだ。その最初の計画が、合併以前（年月は今不詳）に早くも実施されていた中島大水道と大野川の接続である。中島大水道とは、現在の東淀川区に広がる広大な湿地帯から水を排泄することを目的として江戸時代前期に開掘された農業用排水路であった。この中島大水道のうち、姫島の集落西北部手前の所から南西に延びる下流部分を廃川とし、替わってその廃川地点から西に向かって新たな流路をつくって大野川に接続するものであった。一方、大野川へと流れ込んでいた神崎川の流れは、その分岐点辺りで絶ち切られ、跡地は廃川敷とされた。そして、中島大水道～大野川の流域には広大な工業用地が生み出されることとなったのである。もちろん、豊かな神崎川の流れを一部とはいえ引き受けていた大野川は流量を大きく低下することになったと思われる。

大阪市は、満州事変後の重化学工業化の波を踏まえ、1935年頃からはいよいよ本格的に都市計画を推進する。現在の西淀川区に当たる新淀川右岸地域でも個別の産業やそれらの活動基盤形成のため区画整理や耕地整理事業が進められた。広大な葭原の広がる佃地区とか、御幣島地区など縦横に規則正しく引かれた道路が計画され、あるいは河川の改修・付け替えなど、地域の姿は都市化すなわち産業化・住宅地域化等の進展という点から見て「合理的なもの」「効率的なもの」に変えられていった。

一方、この時期、広い車道のほかに歩道もついた国道2号線が大阪以西の各地を結ぶ幹線道路として見事に整備され、その上には市街電車も走るようになった。区画整理の進展と相俟って農地が中規模〜小規模の工場用地に次つぎと変えられ、あるいはそうした工場で働く労働者や従業員の住宅に変わっていった。また、それに伴って農業生産から離れざるを得なくなる農家が出現し、一方で、都市問題や農地に対する水や大気の汚染被害も発生していった。そうしたなか、生活の基盤である農地の喪失問題、あるいは農地の汚染に関わる諸問題を取り上げ、工場に迫る農家や水産業従事者も出現し、そこから小作争議になることも少なからずあった。

筆者は、行政や産業界が中心となって地域を自らの都合に合わせて、経済合理化の視点を優先して変えていく動きを記録のなかに追うとともに、そうした変貌がなぜ西淀川区に集中したのか、その時期や場所についての必然性を考察した。そして、工業地域化がめざされた西淀川区地域がどのように地域の社会構造を変えていったのか、巻き込まれた地域とそこにもとから住む人びと、新たに住むようになった人びとの生活環境の実態に注目するとともに、その対応を示す史料を集め、1時間に満たない報告を行なった[58]。

このとき、膨張する近代都市の周辺地域にこそ近代社会の抱える問題が集積していることに気が付いたのである。もちろん、個別の公害事例については、すでにその発生地点は掌握していたし、その地域的傾向についても論じていたものであった[59]。しかし、ここでの問題提起は、公害事例の歴史的展開を確認するだけでなく、近代におけるそうした公害と関連する問題を生み出した地域自体の変貌の歴史、それをもたらした社会的・地理的特徴、その全体的構造の変化を解明し、そうした変化の意味をそこに住む人びとの視点から見ていこうとするものであった。いわば、新たな研究視点の確立を主張するものであったと考えている。筆者は講演の最後において、近代大都市の基本問題は、膨張し、変貌を重ねる周辺地域のなかにこそ見られることを初めて明確な形で指摘した[60]。もちろん、こうした視点は、それまでの公害問題史研究でも気になっていたところの問題点であったが、ここで、明確に大都市地域における周辺地域の研究の意義と必要性を唱えた点で、この報告の意味は大きかった。

都市膨張の前線地域

この後、筆者は機会を得るたびに、膨張し変貌を遂げる大都市周辺地域にこそ大都市の問題点が凝縮しているとする認識の重要性を主張していくことになる。その活動は、基本的には第3期を通して、さらには今日においても展開していると言っていい。具体的に言えば、1998年には明治末年頃の大阪福島・野田地域を取り上げ、2004年には明治20年頃の難波村、そして、これは第4期に掛かっているが、2009年には明治末〜昭和前期の福島・此花区などを取り上げた[61]。以下、それぞれの内容を簡単に紹介しておこう。

まず、1998年の論文から紹介する。論文発表の頃であったが、大阪歴史博物館の開館に当たって展示のあり方に関する議論が沸き上がったとき、展示候補の一つとして1912年（大正元）撮影の「煙の都」に関する写真があったことを記憶している方もおられるだろう。写真に写る両岸には住居などが密集した広い川を中心に、前方にはいくつもの工場から吹き出す煙が空を一面に覆っている。いくつかの図説や写真集ではよく知られていた風景である。ただし、これは、いつ、どこを写した写真なのかさえ、明確にされてはいなかった。

筆者はそれを取り上げ、その景観のなかに見える工業地域の広がりについて、曖昧な認識を正確なものに変え、写真のなかに広がる工場等の名前を特定し、そこから理解できることがらを論じておきたくなったのである。

この論文では、写真のなかに広がる地域は、現在大阪市のビジネス中心部の一つである堂島川の下流方面であることを、当時の地図と参照しつつ論証した。そして、写真を見れば当時大阪市発展のシンボルともなっていた工場地帯化ということが、まさしく煤煙・煙害の海に巻き込まれることにほかならないことであったことが一目瞭然となることを語った。それは、最初この写真を撮影し、『会報』と題する雑誌に大きく掲載したのが当時設立されたばかりの煤煙防止研究会であり、市民にすでに見慣れた煤煙の有害なことを感知してもらうためのものだったからであると論証した。ところが、そこで掲載された2年のちには、別の写真帳（『大阪写真帳』）においてこの同じ写真が、今度は、発展する工都大阪のシンボル、と評価を180度転じて掲載されていることも証明したのである。

筆者は、その変化の意味するところのものを考察することの重要性を論文で問うた。それは、結論だけを述べれば、大正期に入る頃ようやく工業化優先の思想が社会全体を支配したこと、すなわち、この写真は、工業化こそが大阪という大都市発展の原動力であるとする思想・信念の優勢が歴史的に始まったことを物語る貴重な記録であったということである。論文では、大阪における「煙都」化を賛美する思想的傾向の広がりを1897年「大阪市接続町村編入ニ関スル内報書」などから跡付け、そうした観点の上に立って旧大阪市隣接地域における景観変化がどう進展するかに注目すべきことの重要性を論じたのである。

次に、2004年の論文を説明する。ここでは、1887年（明治20）頃の難波村の姿を描いた。それは、その頃ようやく深刻なデフレーションを脱して、急速に近代的産業化への方向を示すに至った大阪4区であったが、しかし、まだその方向に対する絶対的な信認は確立していない時期のことであった。いわば地域発展の方向性に関する社会的合意がまだ成立しておらず、混沌たる状況下にあった時期に焦点を当て、南部都市部に接する農業地域であった西成郡難波村の構造変化を押さえていこうとする研究であった。

この論文では、南海鉄道の難波駅や大阪鉄道の湊町駅を中心に、駅や線路の設置されていくなか、土地利用のあり方をめぐって生じた地域内の葛藤、そのなかで進んでいく地域の変化が、一つは国や府などといった行政機関、第二には大阪市内に拠点を置く起業家や難波村内外に生活する活発な人物群、そして第三には大阪に流れ着く貧しい人びとといったいくつかの力とその複合によって引き起こされていく史実を解明しようとしたのである。難波村が都市における伝染病や被抑圧女性の性病対策施設の用地として重視される過程やそれに隣接する大阪南区内の千日前地区住民の移転先候補地とされたこと、また、その千日前住民の生活実態についても新聞記事や行政文書を中心に論じた。

この論文では、ようやく江戸時代的な生活のくびきを脱し、急速に近代的な変貌を遂げようとする大阪難波という、その後大阪を代表する繁華な地域となっていく地域の元の状態を解明し、そこを舞台にどんなことが展開したのかを明らかにしようとしたのである。筆者は執筆に際し、今の湊町から桜川といった難波村本村のあった地域を歩き、今も残る景観を確認しつつ、千日前方面との違いの形成について、いろいろなことを考えていたことを思い出す。

最後は、２００９年に執筆したものである。これは、大正期以降に見られる此花区の変化を取り上げた論文である。論文の巻頭には、江戸時代以来、大正期における横浜移設まで風光明媚な御殿として知られた八州軒とそこから見える景観の変化を、地図を重ねながら語る文章を置いた。

この論文では、１９１６年（大正５）当地の巨大地主であった住友・清海など数人の組合で設立された北港土地株式会社を中心に、大阪を代表する巨大工業地域となっていった此花区の、昭和戦前期、日中戦争の激化する戦時下にまで及ぶ変化を追った。戦時下工業生産第一の市政が強行されるなか、煤煙防止費も問題にならない勢いで減額され、一方、工業用水取得のための地下水利用が進み、海岸地域を中心に広がる工業地域で地盤沈下が急速に進行する実態も解明した。この論文では、大資本と大地主とが結合して都市の工業化を支える基盤づくりに力を注ぐ姿に注目し、地域景観の大変貌をもたらしていく姿をトレースした。

筆者は、これらいくつかの論文を通して、大阪という都市は、近代の初めさまざまな紆余曲折を経て商工業を中心とする都市への道を歩み始め、そのなかで恒常的に周辺地域に膨張を続けていったことを明らかにし、そのことの歴史的経緯を追いつつ、それによって苦難を背負わされた人びとの姿を解明しようと努力したのである。あるいは、その姿を記述することの重要性を語ろうとした。

ただ、今振り返ってみると、こうした地域における住民というものの実態解明は実に難しいものであったという実感もある。すなわち、それらは時代ごとに多様な存在形態を示し、単純に規定できるものではなかったことがあげられる。また、たとえば、明治中期の難波村の貧民像というものについては、当時の新聞にもたくさんの記事があったが、いずれも並外れた貧民振りを語るに忙しかったようで、そのなかで、社会を主体的に変えていこうとするような能動的な実態について考察の対象となるべき資料は、千日前興行場の移転あるいは本村からの分離独立をめぐる新聞記事、そして大阪鉄道開通をめぐる本村農民たちの動きなどのなかでも、思ったほど見付けられなかった。

此花区の住民となっていく人びとについての解明も全く不十分なままに残されてしまった。大きな視点から見ての歴史的な推測はできても、それを物語る具体的な資料はどこにあるのか、今もって不十分なままであることは残念と言わざるを得ない。おそらく、これらの地域を舞台にして当時書かれたところの新聞小説あるいはルポルタージュなどをもっと丹念に探すべきであり、それを史料としてさらに検討すべきであったと思う。

『近代大阪の工業化と都市形成―生活環境からみた都市発展の光と影』の刊行

『近代大阪の工業化と都市形成―生活環境からみた都市発展の光と影』は、２０１１年5月、明石書店から刊行された。刊行時期は第３期をだいぶ過ぎた第4期のことであったが、筆者はこの本で、初めそれほどの力を持っていなかった思想、すなわち工業本位に都市の姿を変えていった思想の社会的・行政的形成過程を追うとともに、工業化の進む地域に住むようになった人びとのなかにそれを問題として指摘する動きがどう形成されているかを見ようとした。前項でやや詳しく述べた4つの論文は、この著書では中心的な位置を占めるものとなっている。

著書では、明治半ばの頃までは住民の存在と力は社会的に大きな位置を占めていたことを確認するとともに、大正期以降には農地や漁場を追われ、生活基盤を失うなか、一部にはそれに対抗する動きも出てくるが、基本的にはそうした動きを抑え、劣悪な環境での生活を強要するのが歴史の基本方向であることを確認せざるを得なかった。一方、大都市に暮らすようになり、公害や都市化の被害を受ける人びとは、その問題を指摘し、加害責任を徹底的に追及していない。歴史のなかにおける弱者の対応とは基本的にそうした温和なものだったのか。大きな疑問として感じざるを得なかった。おそらく、住民の質の変化と思想的な転換があったと考えるべきであろうが、著書ではそれがどう出現したのか、そこにはどんなドラマが展開したのか、史実を解明することができなかった。

そうしたなか、大阪市立北市民館を拠点に公的な隣保事業（セツルメント）の進展をめざした志賀志那人の思想形成と愛隣信用組合の経営実績を追求したのは、市官僚のなかに市民本位の思想の形成があったのではないかという期待を抱いていたからにほかならない。

志賀志那人研究については、２０００年代半ば以降、当時樟蔭東女子短期大学名誉教授であった森田康夫氏からの誘いで志賀志那人研究会へ参加したことをきっかけとする。会の中心は大阪府立大学名誉教授で大阪市社会福祉研修・情報センター所長の要職についておられた右田紀久恵先生で、10人ぐらいの若手で社会福祉事業を研究されている方などが参加されて相互に研究を進めた。志賀の研究が進むち筆者は、いくつかのテーマのうち愛隣信用組合の事業の調査を担当することとなった。調べて分かったことであるが、愛隣信用組合こそ、志賀の編み出した社会福祉事業の精華のような存在で、都市における庶民生活を守る庶民自身の金融機関としての機能を発揮したものであったことが分かってきた。それは見事なもので、筆者は、こうした組織を事業推進の経験のなかから思い付き、それを維持するために奮闘した志賀の並々ならぬ力量に舌を巻く思いがした。また、大正期から昭和戦前期にこうした市吏員がいたことの歴史的意味を考えなければと強く感じたものであった。右田先生は、所長をされていた情報センターに保管されていた貴重な文書や写真の調査・利用に協力を惜しまれなかった。先生については、本ができてから相当後のことであるが、近鉄電車の特急車内で偶然お目にかかったことがあったが、すぐに下車する必要があり、ゆっくり話せなかったのは残念である。なお、もう一つエピソードを追加しておくと、出版後志賀ゆかりの大阪市立北市民館のあとを継いだくらしの今昔館のホールで記念シンポジウムを開いたときであるが、筆者が短い報告をしているちょうどそのとき、当時大阪市長だった関淳一氏が目の前の座席に何人かと一緒に座られたので、筆者は、臨機に話題を変え、関一のことから藤原九十郎や志賀志那人の名前をあげ、そうした人物の活躍を許した当時の市政のあり方が現在はどうなっているのかと論じたことを思い出す。

少し話が脇道に逸れたかもしれないが、もちろん、こうした都市論の強調は、従来の大阪史論がともすれば都心部の華やかな部分にのみ注目し、その華やかさを中心に議論を展開するやり方に対する批判的視点の提示であったことは間違いない。言いかえると、大阪における「都市発展」をめざした動きは日向だけではなく、日陰もいっぱいつくってきていること、そうした日陰のなかにこそ都市発展の抱える本質的問題が所在していることを確認したかったのである。

しかし、それに対応する人びとの行動には、――繰り返すことになるが――、明治期こそ積極的な批判と行動が有力な市民のなかに見られたものの、大正期に入る頃からは積極的な対応があまり見られない事実を指摘せざるを得なかった。一方、そのなかで、歴史を動かすもう一方のファクターとして期待してもいいはずの、日陰で呻吟させられた人びとの、状況を変えようとする動きも思った以上に弱く、見当たらなかった。ただ、工業都市としての基盤を喪失することにつながる事態（たとえば大阪湾岸に沿った広大な地域における地盤沈下の進行、劣悪な住環境と交通環境、あるいは都市の空を覆っていた煤煙、河川汚濁など）の進行について行政の対応が見られ、また、新聞等ジャーナリズムによる警告が発せられていたことは事実である。筆者は、この事実をどう考えるか、大いに考えざるを得なくなったのであるが、この時期には、ただ、事実を指摘する以上のことは述べられなかった。(62)

戦略的研究課題としての近代地方史研究

公害や都市化を視点とする地域変貌、地域の生活環境破壊問題の進展に関する知識の蓄積は以上のようなものであったが、それは、筆者の地域史研究に新たな問題意識を生み出したように思う。それはひょっとすれば、「戦略的研究課題としての近代地方史研究」と表現してもいいものかもしれない。すなわち、地方における地域変貌をめぐって展開する有力者による独善的な地域変革行為の本質を把握しつつ、それに対して地域の側において生じてくる自らの生活権や生存権を問う動きをきちんと追いかけ、なにかをきっかけとしてそれが大きな力を持ってくるなかに、自らの生存や生きる権利を求めるところの、いわば人権意識を根幹とするところの民主主義の形成・発展をも見出していこうとする歴史研究のあり方である。そうした動きを観察することができる場所・地域は歴史ではどこに見出すことができるのか。都市・農村ともに、注意を怠らず、資料に基づき調査をしていかねばならないと、さらに意識的に考えるようになったのである。

そこでは、なによりも、地域を自己の都合に合わせて変えていこうとする国家や大都市あるいは大企業等の意思がどのような生活環境を生み出し、またそれはどのような歴史を背景に生まれてくるのかを解明する課題に迫られていた。同時に、そこにおいていかなる批判が生じているかを確認し、さらには、そこに住む人びとのさまざまに分岐した動きを考察しなければならなかった。また、その過程で浮かび上がってくるさまざまな地域的特質にも目を向ける必要があっただろう。ただし、抑圧される側の人びとの動きは、大阪などの大都市に限って概略的に述べれば、大きく鋭い反対運動をつくっていくというほどのものではなかったことはすでに述べたとおりであった。というよりも、むしろ、行政の対応とジャーナリズムの動きの方がリーダーシップを発揮しているのである。この事実をどう理解するか。さらなる検討が求められることとなったと言わねばならない。

２００５年、地方史研究協議会の要請で筆者は、関東の各大学において日本史論文を発表した大学卒業生が多数集まる催しにおいて記念講演を行なったことがある[63]。本書後掲の講演記録はそのときに実際行なった講演の原稿である。前半が理路整然としているのに比べ、後半の話の展開が少し混乱し、本質から外れるところも見られるのは、第３期においては、そうした視点に関する歴史的資料の調査と検討がどこまで進められていたのか、まだ確立していなかったためであると思う。論旨の展開における揺れの存在は、そのことを示していたものかとも思う。

『粉河町史』第１巻と第４巻の記述

ところで、歴史を見るこうした視点については、国家による強力な指導を受ける農山村地域の研究においても、この第３期に進展したようである。

『粉河町史』第1巻（通史）と第4巻（近現代史料）では、地租改正反対運動関係史料および民権運動関係史料の紹介と記述を中心としたのであるが、地元の農民らが、それら記録や文書のなかで政府の政策を根本から批判している史実に気付いた。それは全く近代的な意識と行動であった。筆者は、その意義を論じなければならないと考えた。それは、地租改正を受ける日本全国の農村で、古い貢租意識を抜け出す思想に到達した人びとがこの地域に広汎に成立し始めていたことを物語るものであった。いわば、日本近代史の可能性の展開であったと思ったのである。

筆者は、従来のいわゆる「粉河騒動」論が、歴史分析としては当然行なうべき史料解析をせずに、それを近世的な百姓一揆と安易に同一視したことを批判した。また、あるべき地租改正の理念を基準に改租を批判した児玉仲児を中心とする粉河地域の人びとが有していた思想の近代性を語らなかったことを批判した。一方、これとは逆に、粉河地域における地租改正反対論が近代国家のありようを語る上で思想としての先進性を持っていたことを明らかにし、その思想にあくまで忠実に従ったことが、当時の県令との直接対決にも言い負かされることなく、県の官僚らが持つ「近代」思想の不徹底で非合理な側面を指摘し、圧倒できた理由であったことを論じることもできたのである(64)。

なお、児玉仲児と粉河町の歴史を見る上では、幕末に北蝦夷（現在の樺太）踏査を試み、その経験を基礎に一家言を打ち立て、現在は早稲田大学校地内になっているが広い敷地を確保して北門社を経営し、有志に海防の必要性を教えた山東直砥のことと、戊辰の内戦時に官軍の北越総督を務めた仁和寺宮の旗本隊として多田隊・甲可隊と並んで出勤した高野隊の跡を追ったことも忘れられない。山東直砥については、児玉仲児の御長男児玉亮太郎氏の御子孫にも当たる山東昭子氏をその事務所に訪ねたことも思い出深い。

『粉河町史』第4巻（近現代史料）では、粉河地域の自由民権運動の中心となった豪農たちの学習実践結社「実学社」の行動に関する記録および、彼らの思想のバックボーンであった児玉仲児の日記（全文漢字表記）などを、全体ページ数を惜しまず採録した。第1巻では、それらの史料を基に、地租改正反対闘争と位置付け、可能な限り状況をリアルに再現し、読めば心が躍るように記述したつもりである。また、民権運動についても、史料編刊行後見つかった新たな史料を基に、愛国社再興会議に士族ではなかったにも関わらず参加した意義が見えてくるように努めた。また、その後の運動についても分かる限りの事実を紹介した。さらに、児玉仲児について言えば、日露戦争における非戦的言論を復元し、その活動の意義を語った。

『粉河町史』に関しては、同町史編纂後見つけられた史料も少なくない。筆者はそれを基に先の愛国社再興第1回会議に関する史料を紹介し、また別に、児玉仲児の次男児玉充次郎の明治30年代～40年代における思想的苦難を物語る書簡多数を紹介し、論文も発表した。後者においては幸徳秋水らに関わる大逆事件に巻き込まれそうになった実情を紹介するとともに、弾圧に対する対応も紹介した。それらは、すべて行動者たちの近代意識の存在を高く評価する観点で一貫したものとなっている。(65)

これらの史料紹介や論文はあくまで地域史でありながら、全国的な視野を持つものにもなったと考える。すなわち、政府の打ち出す理想論を逆手にとって政府政策を批判した児玉仲児の思想的特質にしろ、自らの迫害経験をバネにキリスト教の郷里における普及に生きる道を見出した仲児の次男児玉充次郎の考え方にしろ、強力な力で上から押しつけられる圧力と闘う人物の持つ近代人としての特質を徹底的に描いているからである。

地方史研究協議会大阪（堺）大会の開催

１９９９年10月の３日間（うち1日は巡見）地方史研究協議会主催の大阪（堺）大会に実行委員会事務局長として（委員長北崎豊二先生）参加したことは、学問的な刺激のみならず、司法資料保存運動以来のつながりを引き継ぎ、同協議会との関係のさらなる深まりをもたらした。

地方史研究協議会の大会を大阪で実施しようという計画は１９９７年頃持ち上がったものである。それは大阪に関して言えば、１９７０年代の初め頃に次いで2回目の大会実施となるものであった。地方史に対する積極的意義を考え始めていた時期でもあり、同協議会の中心メンバーもよく分かってきていたので、それを、当時筆者が委員をしていた大阪歴史学会で引き受けることを計画し、同学会の委員会で提案し、賛同を得た。ところが、同学会の事務局長を引き受けていた木村寿氏が死去してから、大阪歴史学会の内部ではこの企画に対する批判ないしは拒否的姿勢が広がり、計画が進まなくなっていく。

筆者は、この状況では実施は無理と考え、早めにそのことを地方史研究協議会側に伝えたところ、会合の席で、とりわけ久保田昌希氏から筆者を信じるから何としても大阪で実施してほしいとの返事。苦しいなか筆者を信じていただいたことに感動し、改めて、大阪歴史学会にたよらず実施する体制の構築をめざすこととした。何人かの人に相談して考えたのは、有志の組織をつくり、それを基盤に大会を実施する方向を探ることであった。賛同者を募ったところ、北崎豊二先生が、筆者の拙速な行動を叱った上、委員長に就任してくれたのを初め、思った以上に多くの方々が結集してくれた。大阪市史編纂所が協力してくれたのも大きかった。大阪市史料調査会の古川武志君などいろいろなことによく気が付き、進んで提案もし、行動もしてくれた。費用は、賛同者のカンパに頼ることとし、ニュースレターを毎月発行することも決めた。

大会は、大阪に深く関わりを持つ旧摂津・河内・和泉の3地域と都市大阪との関係性に注目し、大会までの予備研究会をそれぞれの地域において実施し、現地の見学と併せて広く「おおさか」という地域について、各地ごとに準備された報告に合せて意見の交換を行ないながら準備していった。摂津・河内・和泉という地域の研究者が「おおさか」あるいは他の地域と相互にどのようにその関係性を見ているのか、相互に現地を訪問して生に報告を聞くことができた。その過程を通し、「おおさか」の存在の大きさとともに、それを改めて相対化して見ることが可能なことが確認できたように思う。また、大会自体そうした各地の地域研究団体が多数参加するなか、いずれか一日だけの参加者もひとりと数えて両日ともに400人近い参加者で大いに盛り上がったことも記憶している[66]。それは、地方史研究に志している多くの方が、自らの研究の意義を求めて、全国的な学会でそれを確かめたかった結果ではなかろうかと考えている。筆者は、この大会を機として、摂津・河内・和泉の地域史研究グループの連携組織をつくることを希望していたが、直後に筆者自身が目の手術（網膜剝離）を受けるといったこともあり、うまくいかなかった。

『池田市史』編纂への参加と猪名川流域歴史研究者交流会

2002年春先の頃、池田市教育委員会から『新修池田市史』第3巻の編集を依頼された。池田市史の編纂については、それまでの近現代編集委員や執筆担当者との間がうまくいかず、いろいろ気がかりな情報が伝えられていた。しかし、市当局は、そうした経験を踏まえ何とか市史の完成をはかりたいとの意思を持ち、それは市史の体制再構築に関わる構想案の端々に見えていた。また筆者の時間的余裕も存在していたので、何とかなるかと考え、いよいよ3回目の依頼があったとき引き受けることとした(67)。

池田市は、筆者が暮らす川西市とは猪名川をはさんだ隣町であり、学生時代からの思い出もいろいろ浮かんでくる土地であった。市史の事務所で話しているうちに、市域には文化的伝統が息づき、歴史研究においても先達による研究の蓄積と史料の調査は中途半端なものではなかったことが分かってきた。まさに和歌山史・大阪史に匹敵する地域史の研究フィールドであったのである。筆者は市史に足繁く通い、近代を構成する基本的史実の発見に努め、市史の担当者と池田の歴史編纂の意義あるいは編纂事業を支える条件等についていろいろ語り合うとともに、併せて執筆協力者を選ぶことに努めた（室田卓雄氏・石川遼子氏・植木佳子氏そして関根則子氏）。市史の担当者とは、市史で見る各種の史料について、折あるごとにその歴史的意義について説明した。また、市史へ行ったとき、新しく入手した資料を見せていただき、その歴史的意義について話し合った。

池田市史では、最初の一年間は、テーマも時期も選ばず、どんな史料があり、どんな構成が可能となるかについて調査と検討を重ねた。そして、2年目からは近代池田を戊辰戦争以降日露戦後期まで、大正期から昭和一桁まで、そして満州事変期から敗戦までの3つの時期に大きく分け、執筆協力者に割り振って自由な執筆を依頼し、自分は教育史および文化史を除いて明治期初めから日露戦後期あたりまでを分担した。国の動きを押さえるとともに、それに対応した戊辰戦争期の市民の動き、酒造生産継続への努力、日露戦後における『縦横新聞』の論説などにとくに注目した。また、全体を監修した。

第3巻（近代編）終了後は、年表索引編および史料編9（近代）の編集にも関与した。筆者は、池田というまち、北摂という地域が持つ独特の地域特性に興味を抱くようになっていく。また、現在は猪名川をはさんで兵庫県となっているが川西市との深い関係の存在にも心が引かれていく。

池田市史の編集作業開始からは少し遅れたが、2003年5月から「猪名川流域歴史研究者交流会」を組織したことも併せて指摘しておきたい[68]。猪名川をはさむ南北に長い流域は、明治維新直後何度か行なわれた府県設置・統合のなかで最終的に大阪府と兵庫県に分かれているが、一つの共通する文化地域と考え、その共通した地域像を協力して描くため、この地域の歴史研究に従事する方々に呼びかけて研究者組織を実現させたものである。猪名川に接する一つひとつの市町で順番を決め、担当となった所でその地の歴史を知る上での地域を適宜選んで案内し、代表的な論点を紹介して、最後は懇親するという形をつくりあげた。

この組織は、基本的に友誼団体であったが、互いに連携できる基礎を固めていき、筆者が忙しくなるまでの3~4年間は、それを運営できた。筆者も、この会を通して北摂の一角を担う研究者との関係を固めていくことができたことを喜んでいる。

古座町史料の保存と『古座町史料―捕鯨編』の編集

2002年からは、もう一つ、紀伊半島の最南端部、和歌山県の古座町史料の保存をめざした調査に関わったことも指摘しておきたい(69)。これは、当時の古座町長加藤国司氏から庁舎で保管している大量の古文書の保存に関する方法の問い合わせを和歌山県立文書館長立花秀浩氏が受けたのが始まりであった。立花氏からの誘いに応じて下見に行って確認したところ、衣装ケース数十箱にいっぱい詰められ、気候との関係もあるのか、ひどい虫食い状況であった。内容は、今正確に言えないが、捕鯨関係の古文書を初め、難船関係の記録など海事に関する記録、維新期の農兵徴募に関する記録など、紀伊半島の港町ならではの広い地域を網羅する史料が多く、一見してその歴史的価値の高いことが理解できた。作業は、地元で活動していた古文書研究のグループに協力を依頼することとした。また、当時四日市大学教授であった播磨良紀氏にも参加していただいた。

紀伊半島の最南端に位置する古座町は和歌山県とはいえ、筆者にとっては、自分の生活圏からは遠く離れた地域であった。しかし、そこに住む方々と知り合うなか、美しい風光とともに目を開かれることも多く、ほぼ毎月実施された楽しい出張調査の連続であった。傷んだ古文書の応急的な保存方法について元興寺文化財研究所の金山正子さんに出張指導をしていただいたり、いろいろ臨機に検討を重ねたりしながら、やがて、史料保存のためにはなによりも町民の方に古文書の意義を広くかつ具体的に知ってもらうことが必要と考え、なにかテーマを立てて史料集を編集することを提案した。町史事務方と古文書研究会のメンバーとも相談した結果、藩営であった古座鯨組の記録類で一冊の本とすることとなった。古文書研究会の方々と翻刻すべき史料を選び、さらに水産資料館とか神奈川大学日本常民文化研究所などの史料調査を行ない、また捕鯨図の調査も全国各地に重ねた。こうして、ようやく２００８年に１冊の書籍（『古座町史料・捕鯨編』）とし、筆者は、古座における捕鯨の全般的歴史も「解説」においてまとめた。維新前後以降苦しい経営の続くなか、古座鯨組から手を引こうとする藩の意思に対して地元がどう対応したか、結局は廃止につながっていくのだが、その過程も追ってみた。うまく説明できたかどうか、今後の評価を待ちたいと考えている。

それからもう一つ、古座の古文書については、近く襲来する可能性が高い南海地震に際し、それをどう守るか、いろいろ考えたことも付け加えておきたい。安全な高地にしっかりした建造物があればいいのだが、見当たらない。気にはなっているが、いい考えが浮かばないまま今日に及んでいる。

旧真田山陸軍墓地との関わりが始まる

２０００年を越える頃からは旧真田山陸軍墓地の保存に関する活動にも取り組み始めた。このことは次の第４期にも関わり、筆者の研究生活にとってとりわけ大きな意味を持つものとなっていく。

いささか古い話になるが、筆者は、1981年4月、和歌山市から大阪市に居を移した。住居は、天王寺区玉造元町。町を見て回るのが好きであったから当然のことであったが、日ならずして散歩の途中、この墓地に遭遇することとなった。墓地は広かったが、見て回るうち、明治初年に死亡した旧和歌山藩出身兵卒の墓碑が多数立っていることを発見した。その墓碑の側面には「辛未」とか「壬申」とかいった干支による年表記があり、1874年（明治7）の徴兵令施行以前の墓碑であることが確認できた。筆者は、和歌山藩藩政改革そしてそれと日本の近代兵制との関係にすぐに思い至った(70)。

この墓地は、それ以来ずっと心に掛かっていた存在であった。この墓地を2001年において改めて調査し、保存を訴えていこうとする活動が始まったのである。筆者は、それに喜びを感じ、積極的に行動を開始した。2001年10月28日、旧真田山陸軍墓地とその保存を考える会が、呼びかけ人であった横山篤夫・堀田暁生・原田敬一そして筆者の4人と、子どもの頃からこの墓地に愛着を持ち、墓地保存を望んでいた吉岡武氏、さらにこの呼びかけに応えて集まった人びとによって創設された。このとき筆者はその代表となり、2004年9月それが特定非営利活動法人（NPO）となってからは理事長となって現在に続いている。

そもそも、陸軍墓地とは、当時の太政官が明治の初め大村益次郎の献策に従って大阪に日本陸軍の基礎をつくろうとしたとき、やがて、兵卒等の死が避けられないことを認識し、1971年（明治4）大阪真田山の地に広大な兵隊埋葬地を設置したことが始まりとなったものである。徴兵制の実施があり、陸軍の施設が全国6ヶ所の鎮台と近衛兵になり、それらが師団となっていく過程で墓地は全国に広がり、敗戦時には90ヶ所前後の数を数えるようになっていた。最初の見学会でこの墓地の歴史について、その後会の副理事長として大きな役割を果たしていく横山篤夫氏が詳しく説明されているのを聞きながら、改めてこの墓地研究の大事さを考えることとなった。幸い、新聞・テレビ等がこの墓地について、また会について好意的に報道してくれたこともあり、急速に市民の知るところとなっていった。筆者もまたこの墓地に関する研究者として人に知られていく。この墓地をめぐる活動については次の第4期においてさらに記していくこととする。

日本近代史上のキーワード「近代合理主義」への注目と景観のなかに残る歴史の姿

第3期というよりは、1993年頃のことであるから第2期の終わり頃と言った方がいいのだが、明治前期大阪編年史を調査しているときのことであった。大阪鎮台が明治6年4月11日付で当時の大阪府に、今後は朝の号砲を5時に改めるという通知を送付していることを確認した。それを見たときにはこれは単なる時刻の変更であるから歴史的意味はないと判断し、不採用と分類した。しかし、何となく気になってきた。なぜこんなものを大阪鎮台は通達してくるのだろう。

ちなみに、「号砲」という単語を明治前期大阪編年史綱文のデータで検索してみよう。すると、もっとも古くは明治3年6月25日、朝3時30分、昼正午、夕9時に毎日号砲を発するという通達を行なったのを最初とし、6年4月11日には右の通達、7年7月4日には正午の1回のみとし、11年12月6日には、正午の時報の狂いを調整し、17年4月には鎮台の号砲と測候所の時刻との食い違いを調整する話し合いまで行なっていることが分かってきた。要するに、鎮台の号砲とは、市民や兵士らに正確な基準となる時刻を確認させるための装置であったことが明瞭となってくるのである。鎮台はそれをおそらくは太陽の運行を厳密に計測して正確無比なものにしていたのである。ところが、同じような計測をしていたのが測候所であった。そして、この測候所と鎮台の東西の位置はわずかだが、ずれていたために同じ正午と言っても微妙な違いが生じていた。明治17年4月にはそれを話し合って調整したというのであった。これは要するに、明治政府は客観的な時刻を計測し、それを国民生活に反映させようとしていたことを物語っているのである。見事な合理主義と言わねばならない。

この合理主義は、たとえば当時普及し始めた列車の運行時刻に反映させられ、標準時ができると東京と大阪といったような遠隔地間においてもひとつの時刻表のもとで運用できるようになる。学校の時間割にももちろん応用できる。労働者の就業時刻も一定できる。ラジオやテレビのようなものができると、全国一斉にそれを視聴できる。一方で遅刻をとがめる基準ともなる。江戸時代的なおおらかな時刻制とは全く異なる生活がここから始められるのである。これは度量衡の統一においても同じことが言える。筆者はこうしたことに気が付いただけでなく、その制度によって国民が支配されることにも気が付いていった。まさに、近代合理主義の発見であった。

これは、今もってそれ自体を対象とした成果にはまとめてはいないが、ともかくも、気付いたことをここで指摘しておきたい。すなわち、度量衡や時間制の国際標準化をはじめ、人間の主観とか自然観から離れたなにか「客観的な基準」を設定し、それによって物事の評価を実施しようとする考え方であり、同時に自然を支配できるとする科学観でもある。それは、たとえばGNPとかGDPといった国際標準に基づいた経済力の比較を可能とし、それを根拠に国土の形を変え、効率化・強大化を国是とする日本の近代化に大きな力となっていった考え方である。

この近代合理主義は、日本では近代国家が中心となって生み出した思想であり、体制であった。それは、おそらく国の経済力・軍事力の発展と軌を一にするようにして強められ、効率化といった一面的基準を絶対視した。そして、他方では、旧来の生産と生活を支えてきたところの生きた知識すなわち生活に基盤を置く文化を、他の後れを取る文化として冷笑し、否定してきた。それは科学の名において自然を支配できるとして、じつは、自然を知ろうとしない人間と社会をつくり出し、やがて自然によって大きなしっぺ返しを受けることにつながっていくものでもあった。筆者は、こうした非科学的な近代合理主義をきちんと理解し、その歴史的形成と、その形成によって人間が受けてきた諸困難の展開過程を、具体的に解明すべき課題であると考えるようになった。おそらく、この研究は、それが実現した結果として、現在発展とか成長と評価される事物に対する根底的な認識の転換をもたらすであろう。ただし、これについては、まだ全面的な展開をするに至っていない、というよりもきちんとした研究に到達していないことも確認しておかねばならない。[71] もちろん、今後展開していくべき課題であると思う。

一方、この時期には地域を歩くなかで、文献のみならず、時代とともに変化していったなかに残った景観にも歴史が見えていることに気付き、歴史的景観の保存を求める論考も、わずかではあるが、記していることを指摘しておきたい。[72] 景観とは歴史的に形成されるもので、その歴史のありようもまた残された景観のなかに見出すことができるとするならば、歴史の発見のためには、それを意識して残し、考察すべきであると考えている。なお、1981〜82年頃大阪砲兵工廠本館の保存運動が広がったとき、筆者もその驥尾についていったことを思い出す。もちろん、これもまた、歴史的景観保存の運動と位置付けることができるものであった。残念ながら、筆者はこのときほとんど役に立つことはできなかったが、この視点は、やがて旧真田山陸軍墓地の保存において息を吹き返してくることを指摘しておきたい。

公害問題史へのさらなる挑戦

最後に、公害問題の歴史的解明について語り切れていない事実を記しておく。この時期すなわち第3期には第2期の一時的停滞を乗り越え、地域的にも、時期的にもさらに広がりをもって包括的な史料調査と考察を進めることが求められるようになり、また自らも進んでそれに応えていこうとした結果が現れた(73)。

じつは、この時期になると、公害問題の歴史は義務教育や高校の歴史教科書で、戦前は足尾鉱毒事件、戦後は水俣病・新潟水俣病・イタイイタイ病・四日市公害の四大公害事件の名前だけが紹介されて、公害問題が、日本全国普遍的に展開した社会問題だったことも、それに対決した住民あるいは患者達の運動であったことも見えなくなっていた。1970年代初めに筆者が公害問題史に取り組んだ頃に聞いた「公害は現代の問題でしょう」という言葉も色あせ、「公害って何ですか」「今も続いているのですか」といった初歩的で間の抜けた質問が投げかけられてくるようになっていた。筆者の認識は深まっていっても、社会の認識は零に近づいていたのである。筆者の視点は、日本の近現代史全体を通した公害問題の歴史的展開の解明に向かい、また、そのような観点からの公害事件の歴史的位置付けに移っていく。

このようななか、注目すべき成果は、1910年前後秋田県小坂鉱山の鉱毒と煙害を客観的な数字で表現しようと調査した中央農事試験場の技師達が集めていた小坂地区での調査報告書（原稿としてはできあがっていた）、あるいはその調査に関する書簡・ハガキなど、原資料を入手したことであった。それらのなかには愛媛県での煙害事件の資料も含まれていた。筆者は、これらのうち、小坂鉱山の鉱煙毒被害調査報告の原稿を、崩れた文字による下書きで解読に困難を感じながらも、大学の研究紀要に翻刻文を作成し、解題とともに掲載することができた(74)。筆者は、このような研究・調査報告書を今こそ広く集めて、歴史資料として公開することが、公害問題の認識を確立するために取り組んだ国家の対応を日本の歴史のなかに位置付け、研究していく上で大事になっているのではないかと考えるようになった。

『帝国議会衆議院議事速記録』の調査および『公害・環境問題史を学ぶ人のために』

2004年9月から数年にわたっては、住友財団の助成金を得て、明治以降の『帝国議会衆議院議事速記録』中に記録されている公害や環境破壊に関する議員の質疑や種々の意見書などを探し出し、明治期に関してはそれを整理することができた(75)。この調査を通して大小あれこれの場での発言でなく、国家の意思決定を行なう帝国議会という場で、これだけの議論が提起されていることを明示したことの意義は、公害や環境保護が明治期の半ばから全国で問題となり、国家の対応が問われていたことを客観的に示したという点で、極めて大きい価値があったと言っていい。

なかでも、足尾鉱山鉱毒事件で時の政府の対応を徹底的に追及した代議士田中正造の存在の大きさが、当時にあっては圧倒的といってもいいものであったことにも改めて感じるところがあった。また、議事の進展を通して環境問題と公害問題の関係性を検討し、この二つの問題は歴史的にはほぼ同時に生じた現象であり、決して公害問題が解決した後に環境問題が生じているのではないことにも気付いていった。この調査と研究活動に協力してくれた人びとが、その後大きく成長していっていることもうれしいことである。成果の公表が今も実現できていないことは気になるが、いつかは実現させたい課題として位置付けておきたい(76)。

一方、刊行は次の第４期になったが、『公害・環境問題史を学ぶ人のために』において、１９７０年前後における公害対策の動きをまとめ、「公害国会」における多くの公害対策法規の制定を初めとする動きは、それが思想的・行政的な大変革、すなわち日本社会全体の思想が環境優先論へ転換する大変革であったこと、その思想に基づく環境保護体制の法的・行政的構築は、もはや簡単に後戻りができない体制となっていることを指摘するに至ったことも重要だと考えている(77)。短期間で国民意識をここまで根本的に転回させたことは、戦後改革に匹敵するもので、しかもそれを基本的には平和的に実現させたことは平和的な社会変革と言ってもいいものと評価したのである。こうして近代日本の公害問題史を通史的にまとめることができたのは、大きな喜びとなるとともに、その詳細を完成させていく新たな課題を負ったことをも感じさせられたのであり、その思いは今も続いている。

第4期　市民との協働、軍事・戦争史への挑戦

（2006～現在）

2006年西淀川・公害と環境資料館（エコミューズ）館長、チッソ水俣病関西訴訟関係資料の保存・調査、和歌山の部落史編纂委員、15年戦争研究会代表、大阪国際平和センター（ピースおおさか）企画運営委員長等、2008年明治前期大阪編年史一応の完成、2010年旧真田山陸軍墓地内納骨堂悉皆調査〔～12年度〕、2014年大阪電気通信大学定年退職、ピースおおさか展示リニューアル等への協力、その他。

いろいろな公職への就任と研究条件の変貌

はじめに、第4期はなぜ2006年から始めるのかという疑問に答えておきたい。実際、生活条件を大きく変えたという点から見れば、2014年3月大阪電気通信大学の定年退職であったことは間違いない。しかし、振り返ってみたとき、2006年前後には大学以外の場において今日に続く仕事のなかで責任ある地位に次つぎと就任したこと、それがその後の活動を大きく規定しているという事実があっ

たことが大きい。もちろん、すぐあとに記すように、それが２００６年と明確には区切れないが、少なくとも、この年を中心にして、前後数年の間に自分の研究条件とその形は大きな転機を迎えていたことを見て取ることができるのである。

試みに、21世紀を迎えてからの歴史学研究に関わる自分の社会的な経歴を一覧にしてみよう。２０１０年代初頭までの間に次のような公職への就任事実が見出される。

①２００１年10月　旧真田山陸軍墓地とその保存を考える会（市民団体）代表
②２００２年４月　池田市史編纂専門委員〔２０１３年４月委員長〕
③同　上　古座町史編纂委員
④２００３年10月　公害健康被害補償予防協会委託業務専門委員
⑤２００４年９月　特定非営利活動法人旧真田山陸軍墓地とその保存を考える会理事長
⑥２００５年８月　和歌山の部落史・高野山文書編纂会委員
⑦２００６年２月　あおぞら財団付属西淀川・公害と環境資料館館長
⑧同　年７月　チッソ水俣病関西訴訟資料調査研究会代表
⑨同　年４月　平成18年度地域課題解決アドバイザー及び魅力ある北摂物語編集委員
⑩２００７年４月　（財）大阪国際平和センター（ピースおおさか）企画運営委員〔09年12月副委員長、10年12月委員長〕

⑪同　　年8月　　同運営協力懇談会委員〔座長〕
⑫2008年12月　寝屋川市歴史的資料収集保存活用委員会委員
⑬2010年6月　ピースおおさか展示リニューアル委員会委員
⑭2010年6月　国立水俣病総合研究センター水俣病情報センター懇話会委員
⑮2012年12月　ピースおおさか展示リニューアル監修委員会委員

以上、なかには年限を限った役職もあるが、多くは現在に引き継がれている。このなかで、今も大きな課題として日々取り組んでいる公害問題資料をめぐる仕事、戦争と平和に関する資料をめぐる仕事については、いずれも2006年・2007年に大きな役職に就いていることが見えている。第4期を2006年からとした理由となるのではなかろうか。ただし、それはあまり厳密ではなく、ほぼこの時期といった程度の位置付けでもあることは、繰り返すことになるが確認しておきたい。

この時期以降、仕事の形も、自己の役回りも大きく変わっていく。ちなみに、第2期末には司法資料保存運動、第3期には地方史研究協議会大阪（堺）大会など、第4期に至るまでにも全国的な活動における責任ある仕事をこなしてはいたが、それらは、自己の研究上の要請と深くつながっていたものであった。これに対し、第4期初めの頃に引き受けた役職の数々は、旧真田山陸軍墓地のような件を除けば、全く無関係というわけでなかったにしても、いずれも外的な要請を受けて始まったという性格が強いものであった。

こうした意味での研究・活動集団の指導的立場に立った役回りを引き受けたことにより、結果として、従来のように資料を一から調査し、まとまった成果を求める研究に割ける時間は大きく制約されることとなった。しかも、この間、本務校である大阪電気通信大学では教職員組合委員長・大学評議員・人間科学研究センター主任などの役職にも（少しずつ年月をずらしながらではあるが）就いていた。また、関西大学・和歌山大学・龍谷大学などで期間はバラバラながら非常勤講師も兼ねていた。そうした仕事は、多面的であったが、それはそれで忙しくなってくる。余談ながら、２０１１年度から13年度にかけて旧真田山陸軍墓地内の納骨堂調査に科研費をもらって取り組んでいた頃、あまりにも大学出勤時に協力者の勤務状況に関する書類の点検と印鑑押しの業務が多いことにあきれて、これでは「論文書けん費」だと駄洒落を飛ばしていたのを思い出す。研究条件は第４期に至って大きく変わったのである。

以下、年月を追いながら第４期にやってきたことを振り返ってみる。

地域史の継続、『和歌山の部落史』編纂および「明治前期大阪編年史」の作業終了

第４期になっても地域史の調査・研究は継続した。そのうち大きなものは２００５年７月以降関わることとなった『和歌山の部落史』であった。[78] 編纂委員長は薗田香融先生、企画推進者は小笠原正仁氏、全7巻の企画であり、筆者は近現代史部会長となった。ちなみに、『和歌山の部落史』については、かつて調べたことのある旧西和佐村文書が調査において大きな基盤となり、『貴志川町史』で新聞記事の調査をしていたことから蓄積していた知識が大きく役に立ったことを指摘できる。ただし、『和歌山の

部落史』における新聞記事の調査は、もっぱら藤井寿一氏の尽力であることを指摘しておかねばならない。筆者は、同氏が粘り強く、丁寧に探し出してくる膨大な記事を見るにつけ、これで史料編の第1を編纂できるし、それは部落問題とジャーナリズムの関わりを歴史的に理解する上でも大きな意義を持っていると考えただけである。ただ、結果として、このことが『和歌山の部落史』全巻編集の起動力となった。一方、編集過程で戦後の教員に対する勤務評定反対闘争の生の資料を大量に見、その闘争のなかにおいて部落の人びとが大きな位置を占め、運動の全過程に深く関わっていたことを、大量の原資料を通して確認したことや、高野山金剛峯寺および高野山大学のご協力を得て高野山文書に接することができたことも忘れられない。

和歌山の部落史編纂事務は最初和歌山市手平に当時新築されていたビッグ愛という高層ビルの一室にあった。ここは、和歌山時代筆者が下宿していた住まいのすぐ近くにあり、訪問するたびに懐かしさが湧いてきた。しかし、如何せん、編纂のための作業を行なうには広さが足りず不向きだと感じたので、もう少し施設としては見劣りがしても、いろんな資料も保管でき、作業もしやすい場所を確保してほしいと要求した。やがて、これが受け入れられたためか、今度は猫の電車で有名な和歌山電鉄の日前宮前駅から田舎道を歩いて10分ほど南へ行ったところに独立した事務所が確保された。筆者は、ここへ月一回ほどの割で通い、また、県内各地に資料調査に行くなど、編集作業に従事することとなったのである。

『和歌山の部落史』は大きな成果を残したが、なかでも編纂委員を助け、作業を督促していただいたなかに矢野治世美さんがおられ、資料の選択や価値付け等の点でどんどん意見を提起され、やがて独立した研究者に成長されたことは、別の面から評価することであるが、この事業が生んだとくに大きな成果と言っていい。

ところで、２００８年３月には、28年の歳月を費やした「明治前期大阪編年史」の編集作業が基本的に終わったことも述べておかねばならない。これは、現在の大阪市域に関する明治前半期の史実に関し、現時点までに見ることのできた関連資料を、年月日を追い、可能な限り事項ごとに集成し、一つひとつ具体的な綱文を付したものであった。資料の配列は大阪市立中央図書館の一画、２連分の書架を使い、最終的に綱文数は１万８０００件超、資料を綴じたファイルが６５６巻、その平均枚数１６７枚として、その紙数は約11万枚に上っていることが計算されている。[79] いまだ全面公開にはほど遠いとはいえ、また綱文のみという不十分な公開状況ながら、大阪市史編纂所のホームページ上に載せられ、インターネットを通じ、全綱文を誰でもが見、検索することができるようになった。データをすべて収録した媒体と解題に関する文を作成して、それらを提出し、私物も引き取ったとき、よく28年もの長期にわたって継続できたものと感慨胸に迫るものがあった。明治前期の大阪についての史実を知ろうとする人にとって、このデータはまずはアクセスすべき最初の手がかりとなることは間違いない。利用環境はまだ不十分であるが、今後の進展を期待したい。

旧真田山陸軍墓地の研究

第4期の特徴の一つは、第3期後半から引き続き旧真田山陸軍墓地の調査研究を進めたことにある。すなわち、第4期の活動を通して、その存在に対する社会的な認知を確立し、保存を求める運動の基盤を形成した(80)。また墓地に対する認識は、初め抽象的だったのを具体化し、保存においては被葬者の死に至る多面的な姿をありのままに認識すべきこと、また、多くの兵士や下士／将校の死に対する国の責任を意識すべきことなどを鮮明に打ち出していったことが重要である(81)。

２０１０年度～12年度には納骨堂の悉皆調査を、文科省科学研究助成金（基盤研究Ｂ）を得て実施した。ＮＰＯ法人旧真田山陸軍墓地とその保存を考える会会員や一般の市民、学生の皆さんなど大勢の方が協力して下さった。この調査では、旧真田山陸軍墓地内に建てられた忠霊堂（現在の呼称は納骨堂）に安置されている遺骨等を高所のものは足場を使っていったん地上に下ろし、作業終了後には、それを再び元あった箇所に正確に戻していった。長年にわたる汚れを取り、骨壷とそこに貼付された紙片に記載されたデータを詳細に記録し、最後には、関係者からの私的な問い合わせにも対応できるようにした(82)。また、戦時下の軍による戦没者慰霊の実態を考察する上で欠かすことのできない慰霊祭の記録を明るみに出した。ちなみに、調査完了の事実が新聞やテレビでニュースとして各紙・各局から流されると、多数の人びとから戦没者とされている人物についての問い合わせが相次ぎ、その結果、旧真田山陸軍墓地内の納骨堂には該当者がほとんど見当たらないことも明らかになった(83)。15年戦争あるいは日中戦争以降のアジア太平洋戦争は、とくに１９４４～45年において顕著だったが、悲惨な戦場の実態を反映し、多くの日本軍人・軍属の遺骨が帰っておらず、多くの面でまだ決着していないことを、身をもって体験させられたのである(84)。

多様な死のありようを見つめること

陸軍墓地について重要な事実のひとつは、戦時以外での兵卒等の死亡件数の多さと死をもたらした原因の多様性である。これは、明治期にとくに目に付く出来事であったのだが、明治初期の建軍以来、陸軍へのさまざまな形での兵員の集結、さらには徴兵あるいは召集がときには当人の死をもたらすきっかけとなる重大な出来事であったことを示していた。

まず階級の別を問わない病気の広がりがあった。コレラとかチフスとかいった伝染病、あるいはビタミン不足の結果だが脚気によって死ぬ人の多さには驚くべきものがある。それから軍隊内の生活における規律の強制（というより上級者からの理不尽な「暴力」や「いじめ」）等がもたらしたとしか考えられない兵卒の死もある。これは、日本の一般社会でも往々にして見られる現象であるが、軍においては、一般社会よりもさらに厳しいストレスを伴っていたことを思わざるを得ない。

もちろん、訓練中の事故もある。多くの兵卒の墓碑と並んで、明治前半期に限ってだが、入営後6ヶ月は軍隊に適合していくための訓練期間として制度化されていた「生兵」の墓碑が多数並んでいることも目を引くのである。

以上を要するに、陸軍墓地に立ち並ぶ個人墓碑の碑文からは、軍隊生活を余儀なくされた多くの国民が死に直面させられるようになったという深刻な事実が浮かび上がってくるのである。

これまでこのような埋葬施設を軍が持ったということ、それが今も残されているという事実は、旧真田山陸軍墓地以外でも、少しずつ日本近代史のなかで注目され始めていたことであるが、筆者は、旧真田山陸軍墓地に対する国立歴史民俗博物館の調査が終わった後を受け、この墓地に関する多様な取り組みを通して、そうした、人の目に触れない史実のなかに近代日本の軍隊が有していた本質的問題の存在を改めて学んでいくこととなる。

納骨堂調査の結果、忠霊堂（納骨堂）への遺骨の安置数が戦死者の急増する1944年・45年中でかえって相対的に大きく減少するという事実を発見したことも衝撃的であった。戦局の厳しさが増すなか、遺体はおろか、遺骨すら回収できない日本の戦争の惨めさがそこにうかがわれるのである。

一方、これは2022年になって判明した事実であるが、納骨堂から検出された第1回分骨慰霊祭実施に関する文書と遺骨安置データの利用とが相まって、戦没兵士と遺族らを無視した戦時下陸軍の納骨思想の実態が見えてきたときにも驚きを禁じ得なかった。軍は、忠霊堂を利用し、戦意高揚・国民思想の統一に利用しようとしたが、実態はその趣旨とは裏腹に、遺骨に遺族を近づけず、遺骨の保管倉庫にしてしまっていたことが分かってきたのである。(85)

旧真田山陸軍墓地についての研究は、実にいろいろな事実の出現に驚かされる連続であった。旧陸軍墓地は、調べれば調べるほど近代日本の形成・展開期における軍隊や戦争と国民あるいは外国人との関係を知ることのできる貴重な史跡であることが明確になってくるのである。戦後70数年が経過した今、日中戦争以降の戦没者遺族についても代替わりはどんどんと進んでいる。まして、それ以前の死没者については、多くの場合その存在すら意識されなくなることが普通になっている。すなわち、墓碑の主との関係が一般に希薄となっているのであって、そうしたなかでは、広く国民的視点に立った理解を促す「史跡としての保存」が求められていると考えられる。もちろん、個々の死因を考察することもせず、すべてを戦死した「英霊の墓地」とし「顕彰」施設としての整備をのみ求める意見に対しては批判を強めざるを得ない(86)。それは国民の死に対する国家の責任を棚上げするものでもある。筆者は、こうしたなか、近代以降の軍事・戦争と国民との関係について論じる機会が増え、思わぬところから原稿を求められることも増えてきた(87)。

旧真田山陸軍墓地の保存と研究に関しては、多くの方々と知り合うこととなった。NPO法人「旧真田山陸軍墓地とその保存を考える会」の理事等に就任し、調査研究でもご一緒させていただいている方のなかには、戦時中墓地近くに生まれ、戦後家業のペンキ販売業を維持しつつ、公益財団法人真田山陸軍墓地維持会常務理事として、またながらく地元町会の会長職を兼務してこられた吉岡武氏を初め、多忙な高校教師の職務の傍ら地道な調査研究を続け、会の運営を支えてきてくれた横山篤夫氏など何人もの方々の顔が浮かんでくる。

第2には、墓地をめぐって知り合うこととなった遺族や、墓地のことを取材するジャーナリストの方々、特定の死没者のことを調べておられる方のことを述べておかねばならない。NHKの人気番組「ファミリーヒストリー」に関して、桂文枝さんがお見えになったことも鮮明に記憶している。また、終戦の放送直後に真田山陸軍墓地で殺害された米兵の消息を追ってきたアメリカ人ジャーナリストのデイビッド・カパララさんと交わした会話もよく覚えている。墓地を案内した人の数も、1年間2～3０００人以上として20年では５０００人を超えている計算となるのではなかろうか。この墓地が、筆者にとって、付き合う人びとの幅を大きく広げていることは、実にうれしいことである。

ピースおおさか展示リニューアル

旧真田山陸軍墓地についての調査と研究は、それと併行して広く近代日本の軍事史や戦争史研究に取り組まねばならなくなったときの基盤となった。もともと、和歌山市史の編纂に従事していた頃には、幕末・維新期の武士の、多くは臆病としか呼べないありようや、日本最初の徴兵制度である交代兵制度を調べ、大阪市史編纂所に移ってからは明治初年の大阪陸軍所に関する史実調査に従事した。さらに、地域と軍隊・戦争との深い関わりについては近代のすべての時期に関し、それぞれの市町史編纂過程等で具体的な調査を重ねてきてはいた。ただ、昭和に入っての戦争や動員あるいは徴用さらには戦時経済体制、国民の生活指導、思想動員あるいは空襲などについての本格的調査というものになると、全般的な知識基盤の弱さを感じざるを得なかった。いわば、それは公害問題史とか地域史のような自分の主たる研究フィールドとは長い年月にわたってなっていなかったことに由来するのである。それが、急速にこれらの問題に取り組むようになったことについては、旧真田山陸軍墓地における研究が広く受け入れられ、一定の評価を受けていたこと、さらに小山仁示先生の体調悪化と深く関係していた。

小山仁示先生は、１９７０年代後半を迎える頃からご自身が体験した大阪空襲の歴史研究を急速に深められ、関西においてその調査研究を進める市民グループの中心となり、大阪府平和祈念戦争資料室、さらにはピースおおさかの創設に尽力され、運営のあり方をめぐる市民の意見を集約し、代表する中心となっておられた。しかし、２０００年を越える頃から徐々に体調を崩され、２００６年頃からはいよいよ対外的にはその役割を果たされることが困難になってきた。ピースおおさか内で創設し、手塩にかけてこられた15年戦争研究会にも出席できなくなった。

２００８年6月に至って、筆者は小山先生が回復されるまでということで会員から推され、15年戦争研究会代表代行となったのである。また、ピースおおさかの運営に関し、すでに述べているように小山先生が果たしてこられた要職をピースおおさか側の要請ですべて引き継ぐこととともなった。筆者は、事情やむを得ないこととはいえ、これをいろいろな意味でたいへん深刻に受け止めざるを得なかった。直接的な行動を伴う右翼的攻撃は少し弱まっていたが、橋下徹大阪府政の成立、大阪維新の会の出現・台頭があり、文化行政への攻撃が上から進んでいた。筆者は、まずは、小山先生のあとをきちんと果たせる学問的実力を身につけなければと考えたが、実際にはそう簡単なものではなく、いろいろな局面でその後弱点をさらすこととなる。

２００９年12月から10年5月頃にかけては「ピースおおさかを元気にする署名運動」をピースおおさかに関係の深い諸団体に呼びかけて、互いに協力しつつ実施した。これは、大阪府政の橋下改革によって他の府事業に対する支出金の廃止から事業の廃止が続くなか、同様に存続の危機に陥ったピースおおさかの存続を図り、同時にリニューアルを実施するための準備運動とするという意味を持たせたものであった。署名運動は、多くの市民団体や労働組合などの力で2010年3月18日現在には1万2312筆、うち844人から74万6127円のピースおおさかへの寄付金送付があり、大阪府当局の理解につながった。そして、これがピースおおさかの協力も得て、リニューアル事業を実施する第一歩となったのである。

しかし、ピースおおさか展示リニューアルはそう簡単な事業ではなかった。2010年7月以降4回にわたって筆者が委員長となった展示リニューアル委員会での計画案は、実施のための準備作業開始の直前になって、府市両当局からストップがかかり、新たな体制のもと仕切り直しの作業となった。この間2011年9月には大阪維新の会府議・市議がピースおおさかを視察し、「自虐史観・偏向展示」を批判し、B展示室（15年戦争）の即刻閉鎖、大阪空襲のみ市立博物館への移設など意見を述べ、橋下府知事はピースおおさかの発展的リニューアルを記者に述べている。2012年3月には（この間市長になっていた）橋下徹市長は、ピースおおさかについて行政が持つ必要性等を都市魅力戦略会議で議論するよう橋爪紳也特別顧問に要請し、同会議に「ピースおおさかあり方検討会」を設けた。5月には、府市統合本部で「近現代史の教育のための施設」の検討を進めることを決定している。そこでは新しい歴史教科書を作る会の意見も反映させて「両論併記」でいくことにするとも述べられていた。

こうしたなか、ピースおおさかの将来を心配した有志らは、2012年5月にピースおおさかを守り、基本理念に基づいた運営を強化するための呼びかけを発し、学者およびさまざまな学会に声明を出してもらうなどの活動を始めた。筆者は、いくつかの文書を書いて、これらの運動への協力を願うとともに、ピースおおさか展示リニューアルの基本理念とその内容について具体案を作成していった。しかし、この運動はついに実ることはなかった。２０１３年2月13日にはピースおおさかリニューアル監修委員会が開かれ、委員長に橋爪紳也、委員にもず唱平・影山好一郎の各氏とともに筆者が選ばれ、ピースおおさかおよび府市担当者とともに基本内容について意見交換、影山および筆者の計画案を基に、とりまとめは橋爪氏と決められる。それが、わずか2日後の15日には毎日新聞に「大阪空襲展示に特化、南京大虐殺展示は撤去」という大見出しの記事が出、大阪府が決めたと報じられた。驚いて倉田清館長に電話したところ、声を荒げてまともに対応せず電話を切られる。この後、倉田氏は館長を辞し、代わって4月初めには岡田重信氏が館長に就任し、あいさつを受ける。

8月28日には「基本設計」中間報告がピースおおさかの理事会から、内々だが、として示された。

筆者はこうした流れのなか、さまざまな工夫を重ね、設置理念の存続・実現に努めたのであるが、基本的な流れは、加害の史実を扱わないという方向に固まっていったのである。これについては、ピースおおさかの廃館に決定的な力を持つ知事・市長の存在もあり、大阪維新の会等の勢力に抵抗して加害展示の実現にこだわった場合の館自体の廃止を恐れたこと、また、２０１２年12月総選挙で民主党が惨敗し、第二次安倍晋三内閣ができたことも大きかったと思う。一方、そうした右からの批判に口実を与えていたA展示室（15年戦争）の展示（なかには恣意的な解説も付けられたものもあった）に対する無条件な擁護論もあった。これについては、日本の加害という史実を観覧者に理解してもらうためにどんな史料が提示できるのか、またどう展示できるのか、誰をも納得させることのできる展示物はどこにどう存在しているのか、大阪に即して見つけ出すことが容易なことではなかったという主体的力量の欠落という筆者の弱点もそこに反映していたことを思わざるを得ない。日中戦争から太平洋戦争中において日本軍との間で死没した各国・各地域の犠牲者数を地図の上に落とそうとしたところ、厚生省の報告を裏付ける確固たる史料の存在を問われる。一方、大阪市内の大正区だったか、朝鮮人居住区を示す警察の地図があることを知り、その展示を行なうよう求めたところ、それはプライバシーの問題にかからないかと問われるなど、非常に慎重な対応を求められた。この間、15年戦争研究会のメンバーからは有益な助言をいろいろ受けながら、力及ばず、筆者はそれらを十分な成果に結びつけることはできなかった。

なお、この間の2011年には『写真で見る大阪空襲』を、ピースおおさかを基盤に編集・発行することができた。このことは、さまざまな方面において大きな力となった。この書籍の編集は、ピースおおさかで開かれたある講演会の席上、複数の聴衆からその編集を求められた結果であり、植木佳子・石川遼子・小田直寿・植木晶子・田尻悠太氏らの協力を得て実現にこぎ着けたものである。写真集は、空襲を受けた側から撮影された生々しい百枚の写真で構成し、社会から広く注目を受け、今も人びとから広く受入れられていることを付記しておきたい[88]。

大阪電気通信大学を定年退職

大阪電気通信大学に採用されたのは1984年4月であったから、2014年3月退職までちょうど

30年であった。大学の退職記念式典はホテルで賑々しく開いていただいたが、同じときに退職する教員の代表が式典の数日前にやってきて、退職後の暮らしの計画について参加者に紹介したいので教えてくれと言う。筆者は、すでに具体的に考えており、要するに大学での勤務がなくなるだけで、その他は変わらないと答えておいた。実際そのとおりとなった。ただし、毎日の仕事のうち大きな部分を占めていた大学の仕事がなくなるというのは、時間に余裕ができるものと、内心ほっとしていたことも事実であった。この頃、筆者の毎日はほとんど休みがなく、あれやこれやと仕事が重なり、今当時の日記をひもといても、よくやり通してきたと自分ながら驚くほどである。とくに、ピースおおさかをめぐっては大変であったことを改めて思う。

退職前には、それまでの仕事などを振り返り、総括することをめざし、その内容が分かるように1冊の本を出版しておいた。(89)これは、そこまでの単著等で収めきれなかった短い論考を中心に集め、内容等からいくつかの項に分類して、読みやすくしたものである。『歴史に灯りを―言ってきたこと、やってきたこと、できなかったこと』という書名は、自分の実力に対する反省と、それまでやってきた歴史研究に対する思いのありかを表明するものであった。出版に当たっては、阿吽社の社長小笠原正仁氏が協力してくれた。

3月15日大阪電気通信大学では、人間科学研究センター主催で退職記念の最終講義を開いてくれた。「公害問題史と近代地域史―研究生活を振り返る―」と題したもので、2時間にわたって思い出すままにいろいろ話したことを覚えている。大学の同僚はじめ、さまざまな関係者が60人を超えて聴講してくれた。筆者は、できたばかりの先記した著書を記念に手渡すことができ、うれしかった。

北摂地域史への注力と市民への語りかけ

２０１４年３月に大阪電気通信大学を定年退職した後は、地域史の研究対象地域がそれまでの和歌山や都市大阪あるいは池田市に直接関わる地域のみならず、兵庫県を含む広い北摂地域に広がっていく。また近現代のみならず古代・中世・近世の各時代も扱い、さらには、山や川といった、暮らしを取り巻く自然との関係にまで及ぶようになった。内容については、環境史の視点も一定取り入れるようになっていく。著書も、学会を相手に書かれる論文の集成ではなく、一気に冊子の形態をとって、対象とする地域の人びとに直接語りかけるという方法をとるようになった[90]。

『川西の歴史今昔―猪名川から見た人とくらし』

『川西の歴史今昔―猪名川から見た人とくらし[91]』は、猪名川を軸にその流域の古代から現代に至る歴史を総合的に描いたものである。

この書の叙述は２０１７年６月、２回にわたって展開した川西市内のけやき坂公民館での歴史講座をきっかけとしている。書籍化しようとしたねらいは、日頃慣れ親しんでいる猪名川という河川が広い流域の歴史にいかなる関係を有しているか、その自然と生活との関係に興味を惹かれたからである。具体的には河川の利用という面で、歴史とともに、人間のねらいがどのように猪名川のありように手を入れていくか、それが逆に人間にどんな災いをもたらしていったのか、その関係を論じてみた。たとえば、諸国に広がった源氏の祖と言われる源満仲の多田盆地における生活基盤が基本的に自然からの恵みを奪い取ることにおかれた原始的なものであった可能性が高いこと、農業用に猪名川上流部における本流の利用が可能となるとともに、集落が形成されていくこと、近世社会の形成と同じ頃に、中・下流部の農業水利に注目が集まり、やがて、水害を意識するようになるとともに、村を主体とする堤の構築・維持の体制が形成されていくこと、多田銀銅山の開掘技術の向上に合わせるように農業水路としての岩山を掘り抜く水路の開削などがあったことを論じた。また、近現代については、そうした記述を基礎に、科学技術の発達ということで市民が河川に対する興味も知識も失いつつある時代の危うさにも記述を及ぼしてみた。文体も講演しているように感じられることを目標に書いてみた。自分が流域の各地を歩いて写した多数の写真を掲載できたのもうれしかった。

この書物では、戦前日本の女工さんたちが置かれた悲惨な状況をリアルに描いた名著すなわち細井和喜蔵著『女工哀史』の序文を読んで以来気になっていた『女工哀史』の執筆場所が、まさしく猪名川の流域で、多田盆地の中に立地していた猪名川染織所に通勤するために借りた農家の一間であったことも史料を基に明らかにした。古代史や中世史、そして近世史についても意見を述べることができた。出版後は、川西市内の本屋さんの店頭に一棚いっぱいに自著が並べられているのを見るのも初めてであれば、比較的短日月でそれが少なくなり、さらに追加されていくのを見たのも初めてであった。ただ、一歩川西市内を出ると、猪名川を隔てて東側に隣接する池田市内は別として、そうした光景は夢のごとくに消え去り、一冊の本を探すのに、本屋のあちこちを歩き回らなければならなかったことも思い出す。

ただ、筆者は、この本を書くに当たって、何度も猪名川の流域を歩き、その姿を目に焼き付けていき、今も川西市とか猪名川町などの暮らしがいかに深く猪名川とつながっているかを確認した。それは、歴史的景観としても意識されるものであり、いかにその流れを中心とする景観がこの地域に住む人の心に深くしみ通るものであるかを感じたのである。鼓滝の景観もすばらしく、何とか残せないものかと期待していたが、洪水防御のためにはそれは大変難しい課題であるとも思わざるを得なかった。また、人と川のこうした関係を育んだ猪名川の風景こそ、この地域の誇るべき景観であると思い、案内役はいつでも買うつもりになっていたのであるが、ついにそうした要請は2、3の例を除き、なかった。

里山の歴史的背景

小田ほか多数の共著である『北摂里山黒川案内人ガイドブック』[92]は、里山としての川西市黒川地区の歴史を、それがどのようにして形成されたか、地元に残る古文書に基づき論じたものである。ここでは、名産菊炭（池田炭）の生産原料とされるクヌギの生産管理がいわゆる「里山」を残す大きな力になっていることに関わり、そうしたクヌギの生産管理に関して大量に作成された地元の歴史資料を分析して論じていった。この過程で、村を論じるに当たっては、田・畑・屋敷地のみでなく、それらを取り巻く山・川・湖そして野原など自然の存在にも目を向け、地域の人びとが地域での生産を維持していくため、自然の条件にどう対応しようとしたかを知ることの重要性に気付いた。とくに、村を取り巻く広い山地の利用について、たとえば牛の飼育のための草山の管理、燃料や肥料として重要な柴山の維持にも村がその管理に力を尽くしていることが分かり、その生活・生産文化の歴史的ありようには舌を巻く思いがした。一方、1950年代末頃まで続いた山地への管理体制がその後維持できなくなっていく歴史についても研究の必要性を強く感じたものであった。

これらの調査を行なうに当たっては、地元自治会等の方々の協力によって、段ボール3箱に及ぶ黒川地区自治会管理の古文書をじっくりと検討する機会を得た。かつて1970年前後に行なわれた川西市史の調査時に整理され目録化されたことを示すラベルと、対応する目録との照合を行ない、そうした調査が行なわれていない史料も少なくないことを確認していった。川西市史調査当時は、里山の概念もない時代であったことを考えれば、史料の新しい見方、価値の発見が生じているわけであるから、それらの古文書をきちんと保管し、調査が続けられることの必要性を強く感じることともなった。

『明治の新聞にみる北摂の歴史』

『明治の新聞にみる北摂の歴史』(93)では、新聞という明治期に開発された当時最先端の情報メディアのありようを検討しながら、北摂地域が大都市大阪とどのような関わりを築きつつ自己を変革していったかを検討した。執筆の動機を与えてくれたものは2020年初めの頃から始まった新型コロナウイルスの流行に伴う生活様式の大きな変動であった。コロナの流行が深刻な状況を呈してくるなか、予定されていた市民講座などのキャンセルが相次ぎ、思わぬ形で自由な時間を得たこと、また、もう一つには、大阪市史編纂所の依頼で作業を進めた『明治前期大阪編年史』での新聞調査が大きな支えとなったことも指摘しておかねばならない。

調査では、対象とする地域をまとめて北摂地域というように広く取ったため、同じ国家政策への対処であっても、それが地域によって相違する事実に遭遇することとなった。本書では、そうした違いの意味を検討し、そこに同じ北摂といっても、たとえば能勢郡と豊島郡あるいは池田と伊丹といったように地域的特性が見出されることを再確認した(94)。また、宝塚温泉地の開発に関する記事を多数掲載し、宝塚という名称が開発者によって付けられた際、現実には存在していなかった小字名でありながら、あくまで地域の小字名によるとの意思が働いていたことを解明した。ただし、その理由はついに分からないままである。また、有馬温泉とくらべて、宝塚も箕面も俗化する傾向を強く持っていたことを示した。

記述はさらに多面におよび、明治初年の地租改正時、能勢妙見の所在する地域の所有権をめぐる近世期の領主と村側の紛争とか、川水の利用権をめぐって、村の指導者になっていた旧藩陣屋の重役を死亡させた争い、それらの事件対応を経て見えてくる警察の存在、デフレ期脱出後における農村における大規模ブドウ園の経営とか産牛会社、あるいは産樹会社の経営など、興味深い動きも紹介することができた。村の小学校児童が冬の寒気のなかで池に張った薄氷で遊んでいたところ、ついに10人以上の溺死事故を起こした大事件なども紹介した。明治22年、政治闘争が激化するなかで、府会議員の選挙や衆議院議員総選挙のために懇親を深め、勢力を拡大しようとするなか「北摂」という言葉が初めて新聞紙上で使われた事実も知ることができた。これに関し猪名川を境とした摂津国の社会的分割の進行にも筆を及ぼすことができた。

本書の執筆は、筆者にとっては当初思ってもみなかった肉体的精神的試練を伴ったが、もう一方では大都市との関係における地域の変貌という歴史認識に関して豊かな視野の広がりをもたらし、地域史研究の大事な課題の存在を考えさせてくれるという成果を生み出した。地域の変貌というものが、その地域の中からだけではなく、また大都市からだけでもなく、その相互の連携のなかから生じるもので、それはそれらの地域に住む人びとの意識、あるいは生活目標のありようとどうつながっていたかを、思った以上に具体的な史実をもって明らかにしてくれたのである。とくに、明治10年代末頃から活発化するそうした地域変貌が当該地域内で政治理念や差別に関する新たな対立構造を生み出してきたことについて指摘し、その意義を考察することの重要性を語ったことも、忘れられない。また、そうした変貌をもたらすなかにおいて商業新聞・都市新聞の果たした役割に気付き、それ自体の変貌を解明することの重要性を論じることができた意義も大きかったと思う。今、読み返してみて、編集上はもっと読みやすくする工夫ができたのだがという反省はあるが、よく書き切れたという思いも強い。

歴史研究に対する新しい要請および市民との連携

第4期には、歴史に関する一般的知識の広がりが社会からより強く求められることとなったことについても説明しておかねばならない。筆者に対する社会的要請が広がったためかもしれないが、この時期には筆者においても、研究テーマは特定分野や時代に限定せず、虚心坦懐に、出てくるものを取り上げようとし始めたことも大きかった。個別的に見ていけば、公害問題史は明治期から昭和戦前期までといった旧来の対象範囲に止まらず、戦後にまで及ぶこととなり、取り上げる対象もさらに広く全体を論じることが増えた。(95) また、戦争や軍事の歴史については、既述した通り急速に文章化することが増えていった。

一方、いわば歴史学運動と言ってもよいかもしれないことだが、起ち上がった市民との連携作業が増えてきたことも指摘しておかねばならない。考えてみれば、１９６０年代以降、労働組合とか政党あるいは既成の団体等に属さない市民運動や社会的被害者の運動が始まっていることが大きいと思う。それは、公害被害者・空襲被災者など、多くの場合、強大な権力に対して身一つをもって立ち向かっていった市井の人びとの自立的な運動であった。それらの活動が、21世紀を迎える頃から参加メンバーの高齢化や一定の成果達成から幕を下ろすことも少なくなく、それとともに市民運動のなかで作成された記録や文書あるいは実物資料の消滅も恐るべき勢いで進行しているのである。それらを保存し、生かしていくことは、市民運動の歴史を残し、その意義を考えるという意味で、歴史学にとっても重要な課題となっていることは疑いない。つねに、歴史の現代的意義を意識しながら研究を続けてきた筆者として、このことに目をつぶることはできなかったし、そうした人びとや団体の活動を知り、それら資料の保存・活用に関わっていくのは自然の流れであったと言えるのかもしれない。

パブリックヒストリー作成への助成活動――過去の思い出

ここで、いささか過去にさかのぼって、自らの行為を振り返ってみよう。歴史をそれに関わった人びとが自ら残すという活動を企画し、実行に移してきたのは、1986年貴志川町史において『古老に聞く貴志の里』というA5判200ページ余りという談話聞き取り集をつくったときにまでさかのぼるのではないかと思う。これは、当時の貴志川町（現在紀の川市）内で、町史の記述を、実感を持って理解していただきたいということで当時の町当局の支援も得て実施した成果であった。会場に20数人の方々が集まり、こもごもご自身の経験を話されるのを聞きながら、一方ではさまざまなしがらみもあり、話しにくいこともあるのではないかと危惧しながらも、内容的には手応えも感じていた。

古座町（現在串本町）における地元古文書の会の方々との共同作業を提起し、数年かかったけれども、結果として『古座町史料・捕鯨編』という大きな成果を生み出したことも思い出す（2008年）。この2つは、いずれも市民との協働によって生み出された成果である。当時筆者はそれをうれしく感じていたことを記憶している。

現在の状況は、時代が求めているという状況と、まさに筆者のこうした意識や姿勢がその背後にあって、つくり出されている姿なのかとも思う。

現在関わっている諸事業

以下、退職後今も関係している事業、あるいはその後新しく始めていった事業課題を思いつくまま列記し、簡単な注釈を付けておこう。

①大阪西淀川公害裁判和解後に設立された公害地域再生センター（あおぞら財団）において検討され、準備されていた西淀川・公害と環境資料館（エコミューズ）の運営。

２００６年創立以来館長として今に至る。(96) 大気汚染公害に関する被害者運動関係者等からの提供資料を整理するとともに、環境再生保全機構からの依頼でインターネットコンテンツ「記録で見る大気汚染と裁判」の作成に協力し、公害スタディーツアーの実施、公害資料館連携フォーラムの開催への尽力などに関係し、現在は西淀川公害の基礎的な資料集編集に向けて作業を進めている。

西淀川公害に関する基礎的な資料集というのは、２～３００ページでこの公害を理解するためのもっとも基礎的な原資料を正確に翻刻し、現在の関係者にとっては運動の再認識に役立て、これからの方には当時の状況をリアルに再現する手引きとしようというものであって、エコミューズ保管の資料を基本に構成しようとする。この作業は今佳境を迎えつつあり、被害者・住民の記録というものがどんな条件の下に残るものか理解でき、それを可能としたエコミューズの存在と事業が大きな意義を持っていたことを感知させてくれている。

②チッソ水俣病関西訴訟資料の整理。

これは水俣病関西訴訟を支える会の作成し所蔵していた膨大な資料群で、裁判支援活動が始まる以前の市民運動に関わる資料も含んでいる。２００６年以降大阪電気通信大学と国立水俣病研究センター情報センターと協力して実施したもの。作業は支える会の中心として尽力した横田憲一（俊治）氏が担当された。情報センターへの資料送信も終わり、担当していた横田氏の死去の後、2021年には、元の所蔵者及び関係者の了解で、すべての資料を保存し、広く公開するとの確認のもと、熊本大学文書館にすべて移管した。(97)

③大阪国際平和センター（ピースおおさか）の運営および監修委員としての展示リニューアル事業への関与。

大阪府政の橋下改革によって他の府事業に対する支出金の廃止から事業の廃止が続くなか、同様に存続の危機に陥ったピースおおさかの存続を図り、同時にリニューアルを実施しようというもの。世論が注視するなかで、批判も受けながら数年かけて実施にこぎ着けた。大阪維新の会からの批判のターゲットとなり廃館に至ることを避けるため、大阪の空襲被害を中心に展示を構成したが、これについては、外国への加害を展示することに重きを置こうとする人びとから重大な後退と強い批判を受けた。しかし、その加害展示を実現する上で、どんな史料が提示できるのか、またどう展示できるのか、誰をも納得させることのできる展示物はどこにどう存在しているのか、見つけ出すことは大変難しかった。いくつかの点では多くの人の協力があり、日本の戦争が持つ侵略性から目を背かせようとする圧力を幾分か跳ね返すこともできたが、小山仁示先生の後を引き受けたものの、俄仕込みで学んだ自己の力不足を強く感じざるを得なかった。

④15年戦争研究会。

研究者と市民によって構成。ピースおおさかが右翼の執拗な抗議で苦しんでいるとき、その創設とその後の運営における貢献者であった小山仁示先生の企画で始まったもの。現在はピースおおさかと離れ、独自に運営を続けている。筆者は一時代表代行および代表を務めたが、ピースおおさか展示リニューアル事業実施に伴い、辞任した。

⑤大阪空襲被災者運動資料研究会（空資研）。

これは、15年戦争研究会の部会のような存在として出発したもの。有志が大阪空襲の体験を語る会代表の久保三也子氏の所蔵していた資料および空襲体験記の復刻と、大阪戦災傷害者・遺族の会代表の伊賀孝子氏所蔵資料の収集・整理および機関誌等の復刻に当たり、それぞれ報告集を発行した。現在は、伊賀孝子氏関係の追加資料の整理に着手している。

⑥岡原日記を翻刻する会。

これも15年戦争研究会を母体に生まれた研究組織で、戦時下西日本各地を中心に講演会を重ね、銃後における国民の戦意高揚を図り、軍需工場の監督にも務めた陸軍少将岡原寛の昭和19年初めから21年末までの日記を翻刻しようとするもの。ピースおおさかの協力を得ながら発行に向けて作業を続けている。

⑦旧真田山陸軍墓地とその保存を考える会。

２００１年に始まり、途中納骨堂（忠霊堂）の悉皆調査を行ない、研究者と市民の協力のもと、希望者への墓地案内・講座などを定期的に実施し、ときに保存をめぐって国や大阪市当局に意見を申し入れている。[98]２００４年９月以降特定非営利活動法人。２０２１年度には会創設20周年記念事業を実施。

マスコミなどからの注目度も高く、旧陸軍墓地の保存を市民の声にするために会員あるいは非会員の方々と協力して活動を続けている。

⑧池田市史その他市史編纂事業との関係。

池田市史では、『新修池田市史』に関わる編纂活動はほぼ終了したのであるが、成果を未来に生かすために編纂委員会を継続して存続させている。筆者は委員長。現在は、『新修池田市史』等今までの研究がどこまで史実を明らかにし、明らかにし得ていないかを点検する作業を行ないつつ、少しずつ池田の歴史を市民に伝えていく執筆活動を継続している。(99) 寝屋川市史では、市史編纂事業終結後の資料保存・利用を実現するために市当局と協力している。

⑨川西市・池田市・大阪東淀川区などでの古文書研究会などを主宰。

市民有志との連係による古文書解読会など地域歴史学運動の振興を図っている。

⑩2020年、豊中市人権平和センター設立を期して企画された平和展示を行政と協力して実現。その後、筆者は監修者という立場で大阪大学教員・学生・院生そして市民との協働の形を求めながら活動を進めている。(100)

以上、ざっと列記しただけであるが、背景にはいずれも社会運動の記録を歴史として残しておきたいという市民の声があることは間違いない。また、同時に直接語ることができる人が減少しつつあるなか、先人たちが切り開いた地域の歴史や活動の歴史を、それに関わる資料や遺跡・遺物などを通して解明していきたいという後人たちの欲求の広がりがあることも間違いない。筆者がそのようななかで一つの中心になっているのは、これまでの研究に関する見方・やり方がそこに生かされるのではないかという期待があることも、まず間違っていないだろう。筆者もまた、これに応える義務があることも承知している。できるところまではやろうという意欲もある。ただし、現在のような形がいつまで続けられるものか。自己の余力とも関わり、今後のあり方はよく考えるべき大きな課題と言わなければならない。

おわりに──50余年を振り返って思う

筆者は、今ここに50年以上という自己の研究の全景を、ともかくも纏め終えた。これを見れば、筆者は歴史学の神髄を求めて、自分で言うのもおこがましいが、よく努力してきたと思う。また、明治期に限定してだが、公害問題とか環境問題に関して『帝国議会衆議院議事速記録』から関係箇所を抜き出し、その翻刻本の制作に結びつけているように、長年寝かさざるを得ない状況に置かれても、簡単に諦めることなく、10年以上経っても、あるいは20年経ってもチャンスが生じるのを待ち続けるという持久力を持っていたことも分かってきた。

もちろん、このように長く研究を続けてこられたことについては、筆者自身の意志の強さについての評価は別として、いくつかの要件が重なっていたことを思わなければならない。すなわち、第1には健康と家族の協力に恵まれたこと。第2には研究の魅力に気付かせてくれたよい指導者と仲間に恵まれたこと。第3には、いくつか職場を変えたが、その都度生活に困らない程度の収入に恵まれ、かつ自由な研究が認められていたこと。そして第4には、価値ある資料群に恵まれ、研究自体もおもしろくなり、興味を抱いたテーマにのめり込んでいけたということである。

人は、研究に対する執着心や忍耐力を、個人による違いはあるにしてもある程度以上持ち合わせているものと思う。しかし、こうした諸条件がなければ、それをどのようにして可能とするのであろうか。長期にわたる研鑽ができることの保障は、長期にわたる研鑽を必要とする歴史学研究者にとって死活的な重要性を持っていることを改めて感じるのである。

翻って、現在の学問状況を全般的に見ると、早く成果を出すことに急かされる一方では、学問しても生活が保障されないなど、若手に希望を与えるよりも、どちらかと言えば、諦めを勧めているような感がすることも多いし、また、その状況がさらに一般化しているようにも見える。一刻も早く改善されることは、研究者個人にとっても大事なことであるし、学界全体としてもその将来的な死活のカギをにぎっているのではなかろうかと思う。

さて、筆者の辿ってきた歴史学の世界を眺めてみよう。

歴史学の世界では、人は長い年月の間にやがてその人なりの特徴ある歴史学を築き上げていくものである。筆者の研究は、進展すれば進展するほど、人間の権利、平和の実現といった課題に資する史実の発見に密接していたことが確認でき、またそうした歴史推移に関する一般理論の進展に寄与することを思った以上に大切にするものであったことを改めて感じた。しかし、理屈の組み合わせから、一般理論に関する疑問点に注目し、研究を進めるというものではなかったことも事実であった。さまざまな史実の解明が続くなか、筆者が喜びをもってそれを受け入れたのは、予想外の形でのそれらの展開が見られたときであったことは事実である。筆者がつくり上げてきた歴史学とは、目にし、耳にした資料を大事にし、それを基盤として、そこに見える史実から大きな歴史の姿を描きあげていこうとするものであったことは間違いない。

しかし、理論を大事にし、史実を根底に置き、人権の確立に資する歴史を叙述することは、簡単に貫徹できるものでなかったこともよく分かってきた。たとえば、「震災」のことを軽視していたことに見るように、理論にこだわった結果、見るべき歴史課題を見落としていたことも少なくなかったように思う。1点、1点の資料とそれが語る史実を大切にし、それを基盤にして大きな歴史を見通していこうとする筆者の目は、こうした経験を通じて鍛えられていったのかもしれない。

筆者は、長く歴史学を追求するなかで、身近な資料から思考を出発させる学風になじんでいったのである。それは、歴史を下から見るという学風であったと言っていい。筆者は、ついに本格的な政治史や外交史などに直接取り組むことができなかった。また、大局的な経済史にも取り組めなかった。その結果、目を付け、語ることも、一見微細なことに渉ることが多かったようにも見える。また、学界で注目されている中心的論点から、はずれていることも多かった。しかし、その微細な出来事のなかに、あるいは学界から注目を受けていない論点のなかに、大きな歴史的意味が潜んでいることを見出し、考えようとするものであったことは、改めて自己の誇りとするものである。

もちろん、問題にするテーマは、自分で大事なテーマと考えることが多かったが、長い間広い注目を受けることもなく、相互に協力し合う人も、あまり多くは出てこなかったことも間違いない。公害問題史のような重要な問題であってさえ、なぜかなかなか共通の話題に上らなかったのである。筆者はいろいろ考えて、それも無理ないこととは思っているが、それにしても、このことは、幸とすべきか、不幸とすべきか。筆者は、複雑な論争の渦中に巻き込まれることもなく、静かに史実の意味を追求できたのであるから、自分にとっては幸とすべきだったと考えることとしている。

一方、筆者は、自分のやってきた研究を見て、大きな課題でありながらやり残しているものも少なくないことを考えざるを得ない。また、いろいろな問題解明において突っ込みが浅く、中途半端にやり残している課題も少なくないと考える。このようななか、今、筆者にとって日本近現代史学に関して貢献できることはと言えば、中途半端なまま放置している、そうした研究課題への再挑戦を視野に置いた研究を継続することであり、また、もう一方では、これまでの研究や資料保存活動から得られた自己の方法に対する批判的総括、換言すれば、克服すべき課題についての可能な限り明確な指摘をすることであろう。

本稿は、まずは、ともかく、後者の課題に応える著作となるよう心がけた。この記述に続く次の２の記述とも併せて、本書の記述が、もし、これから日本近現代史の解明の道に踏み出そうという方にとって、その実践上少しでも参考となり、役立てられるものとなっているならば、こんなうれしいことはない。

最後にひとつ、初校の手入れ終了時に本文を読み直した感想を述べておきたい。それは、１９７０年代から今日に至るまでの大阪あるいは関西の自治体史の実態、歴史資料保存とか、その活用・展示に関する運動の跡をよく記録しているという点において、本論は重要な証言集となっていると考えることである。自治体史は多数存在し、一概に言えないけれども、資料保存や利用運動に関して思い出すままに指摘していっても、相当重要なものを含んでいることは間違いない。すなわち、大阪府・大阪市さらには旧村役場文書の保存・利用体制の確立の課題、司法資料のそれについての多くの人びとの意見と活動の跡、大阪市立歴史博物館展示のあり方をめぐる議論、ピースおおさかのリニューアル、歴史的遺跡・遺物の研究と保存への道など、筆者ひとりの歴史に止まらず、広く関係者の間で共有し、後世に記録として残すべきものと言っていいだろう。筆者の活動が、こうした方面に広くおよぶものであったことに、今さらながら深く感じるところがある。

注

(1) 小田「幸徳秋水の思想的特質と『直接行動論』」『千里山文学論集』第8号、1972年5月。この論文は卒業論文の一部である。

(2) 原資料は西淀川・公害と環境資料館(エコミューズ)所蔵、井上善雄氏資料。ただし、複製物。小田「中津コーポ高速道路反対ニュースビラ」『リベラ』157、2021年10月、参照。

(3) 小山仁示編『戦前昭和期大阪の公害問題資料』ミネルヴァ書房、1973年。この本で筆者は「大気汚染ならびに悪臭」の資料選択及び解説を担当した。なお、この時期にまとめた大阪の公害問題に関する研究としては、ほかに以下の論文がある。小田「戦前大阪の煤煙問題」神戸史学会編『歴史と神戸』第53号、1972年5月。同「公害の概念に関する歴史的考察」関西大学史学会『史泉』第46号、1973年3月。同「戦前昭和期、大阪における工場公害問題の深刻化」『ヒストリア』第63号、1973年6月。同「大正期大阪の公害問

題と工業地域の形成」大阪歴史学会編『近代大阪の歴史的展開』吉川弘文館、１９７６年。

（４）これらを素材とした論文名をあげておく。小田「第一次大戦後における水質汚染問題の概況」関西大学史学会編『史泉』第50号、１９７５年４月。同「公害問題史研究の現状と課題」『日本史研究』第１４９号、１９７５年５月。同「日清戦後の鉱山監督行政―奈良県下の鉱山における公害対策を中心に」『近代史研究』第19号、１９７７年12月。同「戦時体制下における重工業の地方立地と誘致政策の展開―住友金属和歌山工場の立地を中心に―」大阪歴史学会編『ヒストリア』第85号、１９７９年12月。同「公害問題と公益思想―和歌山県禰宜銅山の開掘をめぐって―」小山仁示編『大正期の権力と民衆』法律文化社、１９８０年４月、所収。および小田著『近代日本の公害問題―史的形成過程の研究』世界思想社、１９８３年、第４章「帝国議会と公害対策」・第５章「工場法と公害行政」。

（５）色川大吉編『水俣の啓示　不知火海総合調査報告』筑摩書房、１９８３年ほか。

（６）安藤精一『近世公害史の研究』吉川弘文館、１９９２年。

（７）筆者自身の目に留まった限りで、筆者の研究が紹介されたものをあげておく。このうちの一部は第2期に関わる。「公害ということば　明治14年からありました」『朝日新聞』１９７３年６月４日。小関恒雄「『公害』の用例を遡る」『日本歴史』第４１３号、１９８２年10月号。山泉進「小山仁示編『大正期の権力と民衆』」『日本読書新聞』１９８０年６月30日。鈴木正節「小山仁示編『大正期の権力と民衆』」『歴史公論』第61号、１９８０年12月号。飯島伸子「小田康徳著『近代日本の公害問題―史的形成過程の研究』」『公害研究』第13巻3号、１９８４年冬。田尻宗昭「小田康徳『近代日本の公害問題』」『朝日ジャーナル』１９８３年６月10日。

小田「わが著書を語る―近代日本の公害問題―史的形成過程の研究」『出版ニュース』1983年6月中旬号。山下直登「小田康徳著『都市公害の形成―近代大阪の成長と生活環境―』」『日本史研究』第313号、1988年9月号。菅井益郎「小田康徳『近代日本の公害問題』」『社会経済史学』第54号4、1988年12月。

(8) 自身の記憶および小田著『近代日本の公害問題―史的形成過程の研究』世界思想社、1983年、序章。

(9) 詳しくは前掲「公害問題史研究の現状と課題」および小田前掲著『近代日本の公害問題―史的形成過程の研究』。

(10) 小田前掲著『近代日本の公害問題―史的形成過程の研究』。また刊行時期は遅れたが、同『都市公害の形成―近代大阪の成長と生活環境―』世界思想社、1987年、を併せて読んでいただきたい。なお、時期的にはさらに後のことになるが、小田編著『公害・環境問題史を学ぶ人のために』世界思想社、2008年、における序文および第1章「通史」の記述がある。これは、それらの知識およびその後の知見を踏まえた要約である。

(11) 小田前掲「公害問題と公益思想―和歌山県禰宜銅山の開掘をめぐって」、前掲小山仁示編『大正期の権力と民衆』所収。

(12) 小田前掲著『近代日本の公害問題―史的形成過程の研究』中における第2章「公害問題と公益思想」、第3章「第一次大戦後の水質汚染問題」、第4章「帝国議会と公害対策」、第5章「工場法と公害行政」を参照。また、同「日清戦後の鉱山監督行政―奈良県下の鉱山における公害対策を中心に」『近代史研究』第19号、1977年12月、も参考となる。なお、この認識は後年になっても変わらず、新たな事実を加えた論文「近代都市大阪の工業化と公害意識の変遷」『大阪電気通信大学研究論集・人間科学研究』第10号。2008年3月、でも再論している。また、小田著『近代大阪の工業化と都市形成―生活環境からみた都市発展の光と影―』明石書店、2011年、も全体を通してこの点に関する大阪府の施策の変化を追っている。

(13) 小田前掲「公害の概念に関する歴史的考察」『史泉』第46号、1973年3月。

(14) 注(11)、(12)。

(15) 足尾鉱毒事件を訴える被害農民らの押し出しを川俣の渡し場で権力的に圧殺した1900年（明治33）の「凶徒聚集罪事件」以降、1907年の谷中村廃村に至る過程は、まさに政府のこうした意識に基づく政策の典型例と見るべきである（小田前掲編著『公害・環境問題史を学ぶ人のために』、P3-4、P23-26）。また、1890年頃から工業の発展をめざすようになった都市大阪であるが、1910年初めの頃、すなわち明治末年から大正初年にかけて大阪府で規則制定が問題となった煤煙防止法に対し、大阪の産業を弱くするとして反対し、ついに日の目を見させなかった大阪商業会議所の反対意見も重要である（小田前掲著『都市公害の形成―近代大阪の形成と生活環境』第2章「工場公害問題の激化」）。

(16) 小田前掲著『近代日本の公害問題―史的形成過程の研究』第3章「第一次大戦後の水質汚染問題」。

(17) 小田前掲「戦時体制下における重工業の地方立地と誘致政策の展開―住友金属和歌山工場の立地を中心に―」大阪歴史学会編『ヒストリア』第85号、および小田前掲著『近代日本の公害問題―史的形成過程の研究―』第4章・第5章。

(18) 小田前掲「戦時体制下における重工業の地方立地と誘致政策の展開―住友金属和歌山工場の立地を中心に

―」。
(19) 小田編著『公害・環境問題史を学ぶ人のために』世界思想社、2008年、「序にかえて」、第一部「通史」。
(20) 小田前掲著『近代日本の公害問題―史的形成過程の研究』「序章」。
(21) 小山仁示『西淀川公害―大気汚染の被害と歴史』東方出版、1988年、「Ⅲ戦後復興と西淀川」「Ⅳ高度成長と西淀川公害」参照。
(22) ここでは始まりの時期を第1期に限るが、和歌山県内の自治体史編纂事業のうち自らが関与し、発行された書籍名を掲記しておく。1973年から始まった和歌山市史では近現代史料編として第7巻(1978年)・第8巻(1979年)・第9巻(1982年)の3冊、本文編として第2巻「近世」(1989年)・第3巻「近現代」(1990年)の2冊、1981年以前から始まった貴志川町史では第2巻「史料編」(1983年)・第1巻「本文編」(1988年)および別巻『古老に聞く貴志の里』(1986年)がある。
(23) 当時は、公文書館法もなく、歴史的公文書の概念も存在しないなか、かえっておおらかに調査できたことを思い出す。なお、1981年度から始まった大阪市史編纂所での明治前期大阪編年史編纂事業は、これらの知識と経験が生かされている。
(24) 小田「日露戦後の地方行政―和歌山県海草郡の事例を中心に―」『ヒストリア』第73号、1976年12月。
(25) 小田前掲「戦時体制下における重工業の地方立地と誘致政策の展開―住友金属和歌山工場の立地を中心に―」小田著『近代和歌山の歴史的研究―中央集権化の地域と人間―』清文堂、1999年、に「住友金属工業の誘致と大和歌山構想」として再録。

(26) 小田「田中善蔵暗殺事件の再検討―諸県口書の紹介を兼ねて―」『和歌山県史研究』第9号、1982年2月。同「和歌山藩交代兵制度の成立と崩壊―近代兵制確立過程における和歌山藩藩政改革の意義―」『和歌山地方史研究』第5号、1982年12月など。
(27)『和歌山市史』第7～9巻（近現代史料1～3）では、第7巻（1978年）を明治～大正期の行政史料、第8巻（1979年）を同じ時期の民間史料というように分けて、相互に対比できるようにした。
(28) たとえば、管轄の町村に対し、敗戦直後に「国宝」を神社の裏の地中に隠すべしといった指示を出している。
(29) 原本のうち主なものは、紀ノ川左岸土地改良区所蔵。一部は旧西和佐村文書にあり。小田「公害問題と公益思想」小田前掲著『近代日本の公害問題―史的形成過程の研究』第2章。
(30)『和歌山県水産試験場事業報告』第14報。小田前掲著『近代日本の公害問題―史的形成過程の研究』第3章「第一次大戦後の水質汚染問題」参照。
(31)『大阪朝日新聞』和歌山版および『和歌山新報』大正12年中の各記事。前掲『近代日本の公害問題―史的形成過程の研究』第3章。
(32) 注（18）。
(33) 小田「戦時体制下の阪神工業地帯―戦時統制と工業地改造計画―」『ヒストリア』第90号、1981年7月、はこれらを基に記したが、不十分な記述に止まっている。
(34) これは少し性格の異なる問題かもしれないが、1978年に提訴された西淀川公害訴訟に寄与することを願い、阪神工業地帯の展開と公害問題深刻化の関連性を論じようとしたが、そのときにおいても、兵庫県と大阪府という2府県にまたがる統一的な統計や行政資料が存在しないところから大きな困難を感じたことを思い出す（「阪神工業地帯の歴史」河野通博・加藤邦興編著『阪神工業地帯―過去・現在・未来―』法律文化社、1988年）。

（35）聞き取り会は今その場所をすべて思い出せないが、姫島地区・福（大野を含む）地区・中島地区・佃地区が含まれていたことは間違いない。この会の参加研究者には小山仁示・飯島伸子（当時桃山学院大学）の両先生がおられ、小山先生が巧みな大阪弁の話術で、参加した経験者の心をつかみ、話を引き出しておられたことを思い出す。地元側の出席者は毎回10人前後いたことを記憶している。

（36）小田前掲著『都市公害の形成―近代大阪の形成と生活環境』91〜94ページ。

（37）明治前期大阪編年史綱文データベース - 大阪市立図書館（https://www.oml.city.osaka.lg.jp）。

（38）1985年3月以降途中途切れるときもあったが、連載が続くこととなった「大阪編年史編集だより」1〜16。小田編著『明治初年大阪西大組大年寄日記』（大阪市史史料第22輯）大阪市史料調査会、1988年。これらの成果は、小田著『日本近代史の探究』世界思想社、1993年、および小田著『維新開化と都市大阪』清文堂出版、2001年、に集約されている。

（39）たとえば、初期においては、小田「大阪三郷の廃止と四大組の設置日について」『大阪の歴史』第7号、1982年9月。同「大阪陸軍所の創設とその展開」『大阪の歴史』第8号、1983年3月。

（40）『博士学位論文　内容の要旨および審査の結果の要旨　第23号　昭和58年度　関西大学』昭和59年7月、12

～15ページ。
(41) 飯島伸子「小田康徳著『近代日本の公害問題―史的形成過程の研究―』」『公害研究』第13巻3号、1984年冬、岩波書店。1988年9月。菅井益郎「小田康徳著『近代日本の公害問題―史的形成過程の研究』」『社会経済史学』第54巻4号、1988年12月など。
(42) 住友財団　環境研究助成　戦前の帝国議会と公害・環境問題の歴史的形成・展開に関する基礎的研究　2005年度　一般研究。
(43) 文科省科学研究補助費・基盤研究（B）「旧真田山陸軍墓地内 納骨堂の悉皆調査から見る戦没者慰霊の歴史的実相」（課題番号22320135）、2011～13年度。
(44) 小田著『日本近代史の探究』世界思想社、1993年、（新版は1998年）、は、自らの研究体験を語ることを柱に、大学における教養としての歴史学というものを伝える教科書として出版したもの。
(45) 小田「藩政期及び明治初年の禰宜鉱山」『和歌山地方史研究』第2号、1982年。「全国紙形成下の地方新聞―和歌山市地域を中心として」『安藤精一先生退官記念論文集・和歌山地方史の研究』同記念会、1987年。
(46) 小田「明治初年の高野山寺領をめぐる動きについて」『和歌山市史研究』第18号、1990年3月。同「消え去りつつある共同体の記憶について―旧鞆淵村久保地区の史料調査―」『大阪電気通信大学研究論集《人文社会科学編》』第26号、1991年。同「高野地士の目から見た天誅組騒動」『和歌山県史研究』第19号、1992年3月。など。これらの論考は、注（18）記載の論考と併せ、小田前掲書『近代和歌山の歴史的研究』に収録している。
(47) 関一研究会編『関一日記―大正・昭和初期の大阪市政―』東京大学出版会、1986年。
(48) 小田「志賀志那人の思想的発展と愛隣信用組合」(志賀志那人研究会編『志賀志那人 思想と実践』和泉書院、2006年)。
(49) 小田前掲著『日本近代史の探究』第3部9「地域史研究の課題と方法について」においてその知見の一端を示した。
(50) 小田「民事判決原本の永久保存の廃止と民事事件記録等の特別保存について」『日本史研究』第372号、1993年8月。同「歴史研究と司法資料」『日本史研究』第384号、1994年8月。など多数。小田著『歴史に灯りを―言ってきたこと、やってきたこと、できなかったこと』阿吽社、2014年、第1章には、この活動に関して記録していた手紙類なども紹介している。
(51) 司法資料のうち永久保存扱いであった判決原本を50年保存とする趣旨を案内する最高裁からの文書を受けたのは大阪電気通信大学学長で、たしか当時は理事長も兼務していた福田國彌氏であった。同氏はわざわざこの書類を筆者に送ってくれ、筆者は初めてこの問題の存在に気付いたことを記しておく。
(52) 文責小田「司法資料保存問題・大阪弁護士会との懇談会」『ヒストリア』第141号、1993年12月。同「関西司法資料研究会の創設」『同右』。
(53) 小田「大阪地方裁判所所蔵明治前期判決原本を調査して」『地方史研究』第250号、1994年8月。
(54) 注(53)。

(55) 小田「大阪における安政の地震津波碑と震災の記憶について」『ヒストリア』第148号、1995年8月(『地方史研究』第258号にも同文)。

(56) 関東大震災の歴史記述では、地震の自然科学的説明とか社会的な事件として朝鮮人への迫害等は記述されているが、震災の被害を受けた多数の人びとについての分析もなければ、震災後の東京改造についての記述も概して粗略なものに止まっていた。東京の震災記念館の展示を見たとき、解説が開館当初のままであることにも驚きを禁じ得なかった。

(57) 注(55)。ほかに小田「安政の大地震と津波」『大阪春秋』第82号、1996年3月。小田「シンポジウム災害と歴史資料の保存─何のため・誰のために残すのか(基調報告)地域・ふるさと、そして歴史資料」『地方史研究』第359号、2012年10月。後者は、小田著『歴史に灯りを─言ってきたこと、やってきたこと、できなかったこと』阿吽社、2014年所収。

(58) 小田「阪神工業地帯の形成と西淀川の変貌」『ヒストリア』156号、1997年9月。小田前掲著『近代大阪の工業化と都市形成─生活環境からみた都市発達の光と影─』に収録(第6章)。

(59) 小田前掲著『都市公害の形成─近代大阪の成長と生活環境』第3章「都市構造の変化と公害問題の深刻化」。

(60) 注(58)「四　おわりにかえて」。

(61) 小田「『煙の都』の写真について」大阪大学文学部日本史研究室編『近世近代の地域と権力』清文堂、1998年、所収。同「市制町村制施行当時の難波村」『大阪市公文書館研究紀要』16、2004年3月。同「近代都市大阪の工業化と公害意識の変遷」『大阪電気通信大学研究論集・人間科学研究』第10号、2008年3

月。同「工業地域としての福島・此花区地域の形成」『大阪の歴史』第73号、２００９年７月。いずれも小田前掲著『近代大阪の工業化と都市形成—生活環境から見た都市発展の光と影』に再録（第５章）。

（62）小田前掲著『近代大阪の工業化と都市形成—生活環境から見た都市発展の光と影』は第４期に刊行したものであるが、この第３期に気付いた観点を生かそうとして書きためた論考をまとめたものである。

（63）小田「近代日本における公害・環境問題の歴史と地方史研究（地方史研究協議会第46回日本史関係卒業論文発表会特別講座）」『地方史研究』第３１６号、２００５年８月、は、そのエッセンスを語ったもの（本書３）。

（64）『粉河町史』第２巻（１９９０年）および第１巻（２００３年）。さらに「明治初期の地域社会と民衆運動」講座 明治維新第７巻『明治維新と地域社会』、明治維新史学会編、有志舎発行、２０１３年４月。

（65）小田「愛国社再興大会に関する新出の記録と文書」『大阪電気通信大学研究論集（人文社会科学編）』第32号、１９９７年３月。同「二十世紀初頭ある地方宗教人の精神的軌跡について」『大阪電気通信大学研究論集・人間科学研究』第1号、１９９８年３月。

（66）地方史研究協議会編『巨大都市大阪と摂河泉』雄山閣、２０００年。

（67）小田「『新修池田市史』第3巻（近代編）編集・執筆の思い出」『池田郷土研究』第23号、２０２１年４月。および、同前掲著『歴史に灯りを—言ってきたこと、やってきたこと、できなかったこと』第４章２「池田市史—私の調査日記（２００２~２００３年）」。

（68）これについては同時並行的に自分のWEBサイト『猪名川歴史研究所』にコーナーをつくって報告していたが、このWEBサイト自体が途切れたため、現在では一般に見ることができない。

(69)　小田前掲著『歴史に灯りを―言ってきたこと、やってきたこと、できなかったこと』第4章3「古座町より」に詳細な動きが記載されている。
(70)　小田「和歌山藩交代兵制度の成立と崩壊―近代兵制確立過程における和歌山藩藩政改革の意義―」『和歌山地方史研究』5号、1982年12月。小田前掲著『近代和歌山の歴史的研究―中央集権化の地域と人間』に再録。
(71)　これについては「時刻に合わせた生活の始まり」小田著『新版日本近代史の探究』世界思想社、1998年、所収、に少し触れた程度で、本格的な論考はまだ公開し得ていない。
(72)　小田「歴史的景観の認識とその保存について」『市政研究』第111号、1996年4月。小田前掲著『新版日本近代史の探究』所収。
(73)　小田「20世紀と日本の公害問題」『医学史研究』第79号、2001年12月。これは、医学史研究会・日本医史学関西支部からの依頼講演をまとめたもの。同「四日市公害裁判30周年の視点」『地域政策―明日の三重』第7号、2002年11月。同「明治四十一年十一月小坂鉱山鉱害調査復命書」『大阪電気通信大学研究論集・人間科学研究』第4号、2002年3月。さらに時期は遅れるが、小田前掲編著『公害・環境問題史を学ぶ人のために』。
(74)　小田前掲「明治四十一年十一月小坂鉱山鉱害調査復命書」。
(75)　小田康徳・田中はるみ・向井直子・樫本喜一・林美帆「帝国議会と公害・環境問題―議事一覧の作成とその紹介―」『大阪電気通信大学研究論集・人間科学研究』第8号、2006年3月。ただし、ここで編集した議事録等の書籍原稿は出版には至らず、大量の稿文のまま今に至っている。この作業には上記4名の共著者と友澤悠季・船勢肇・斉藤寛信の3名が協力してくれた。

(76) 2022年の半ばになって京都にある出版社琥珀書房が公刊を申し出てくれている。出版は明治期に限定してだが、史料はB5版、小さな活字で上下2段に組んで1200ページを超える分量となる。また、論文集も出す計画もある。誠にうれしいことで、今後、その実現に向けて可能な限り努力をしていきたい。

(77) 小田前掲編著『公害・環境問題史を学ぶ人のために』70~88ページ。

(78) この編纂活動に誘ってくれたのは、かつて和歌山市史で知り合っていた小笠原正仁氏である。私が関与したのは、和歌山の部落史編纂会『和歌山の部落史　通史編』2015年（共著）および『同上史料編』近現代1（2010年）、『同上史料編』近現代2（2012年）である。いずれも発行は明石書店。

(79) 注(37)。

(80) 著書となったものだけを掲記しておく。小田康徳・横山篤夫・堀田暁生・西川寿勝編著『陸軍墓地がかたる日本の戦争』ミネルヴァ書房、2006年。小田編著『旧真田山陸軍墓地、墓標との対話』阿吽社、2019年。小田著『軍隊と戦争の記憶―旧大阪真田山陸軍墓地、保存への道』阿吽社、2022年。なお、年4回の会報『真田山』あるいは年1回の『旧真田山陸軍墓地研究年報』なども見落とされない。また、陸軍墓地講座や研究会の果たした役割も大きい。

(81) 小田前掲著『軍隊と戦争の記憶―旧大阪真田山陸軍墓地、保存への道』は、そうした研究の集大成である。

(82) 小田制作『旧真田山陸軍墓地内納骨堂納骨名簿』大阪電気通信大学、2013年。また、これと同じ内容であるが、個人情報保護の観点から掲載を見合わせたすべてのデータを含んだ電子版データも作成できている。
(83)唯一の例外として、２０１３年にはＮＨＫの「ファミリーヒストリー」で落語家桂文枝師の父の遺骨があることが判明し、そこに案内して対面を果たす場に居合わせるということもあった。
(84)小田著「戦没者の納骨堂―調査は国が責任を持つべきだ」『朝日新聞』私の視点　２０１３年9月7日朝刊。
(85)小田著「納骨堂、最初の師団合祀祭の実際」旧真田山陸軍墓地とその保存を考える会会報『真田山』68、２０２１年10月31日。なお、この件については、今後事実を紹介しながらさらに論じていく予定。
(86)小田前掲著『軍隊と戦争の記憶―旧大阪真田山陸軍墓地、保存への道』阿吽社、２０２２年、に関係論文を多数掲載している。
(87)小田「〈戦争遺跡を問い直す4〉近代戦争遺跡の歴史性と現代性」『考古学研究』第57巻4号、２０１１年３月。同「軍隊と地域」大西進ほか編著『地域と軍隊―おおさかの軍事・戦争遺跡』山本書院グラフィックス出版部、２０１９年。
(88)ピースおおさか大阪国際平和センター（https://www.peace-osaka.or.jp/）。
(89)小田前掲著『歴史に灯りを―言ってきたこと、やってきたこと、できなかったこと』。
(90)小田『川西の歴史今昔―猪名川から見た人とくらし』神戸新聞総合出版センター、２０１８年。同『明治の新聞にみる北摂の歴史』神戸新聞総合出版センター、２０２１年。また、この間における自治体史としては、『新修池田市史』第3巻「通史編近代」、２００９年。同別巻「年表・索引」、２０１２年。同史料編10「近代史資料」２０１４年。『串本町史（古座町史料　捕鯨編）』２００８年がある。

(91) 小田前掲著『川西の歴史今昔―猪名川から見た人とくらし』。
(92) 兵庫県阪神北県民局・NPO法人コミュニティリンク編『北摂里山黒川案内人ガイドブック』兵庫県阪神北県民局、2018年3月。
(93) 小田前掲著『明治の新聞にみる北摂の歴史』。
(94) 再確認というのは、小田「明治初期の地域社会と民衆運動」『講座明治維新第7巻―明治維新と地域社会』有志舎、2013年、において、明治の地租改正に対し和歌山県紀ノ川筋と大阪府豊島郡における村々の対応の相違を指摘し、その背景とその後の歴史に関わる意義を論じたことを念頭に置いているから。
(95) 小田前掲編著『公害・環境問題史を学ぶ人のために』。同「〈書評〉宮本憲一著『戦後日本公害問題史論』」『同時代史研究』第8号、2015年12月。同「歴史学の立場から見る公害資料館の意義と課題」『大原社会問題研究所雑誌』NO709、2017年11月、ほか。
(96) あおぞら財団・エコミューズ　http://www.aozora.or.jp/ecomuse/
(97) 熊本大学 文書館　http://archives.kumamoto-u.ac.jp/
(98) 旧真田山陸軍墓地とその保存を考える会　https://www.assmcc.org/
(99) 「わがまち歴史散歩」『広報いけだ』池田市、に2017年4月以降現在に至り短文を連載。
(100) 平和展示室 豊中　https://www.city.toyonaka.osaka.jp/jinken_gakushu/hikakuheiwa/heiwatenzisitu.html

2　歴史学の基本視点

はじめに

本論は、1において語ってきた史学上の知見を得るに至った道、さらには、さまざまな反省点を踏まえて、そこから敷衍し、新たに史学発展上に資する視点を、経験的ながら明示してみようとするものである。

もちろん、それは、筆者ひとりの経験に基づく普遍化であるが故に、主観的で、かつ狭いものに止まっているだろう。また、誤っているところがあるかもしれない。しかし、それらは、実際に経験し、困難を克服しようとする経験のなかからつかみ取った認識であることには違いない。とするならば、そこには大事な学問的真理も混じり、また、大きく言えば、現代歴史学にとっての重要な問題提起が含まれているとも思う。

もしも、本論で述べる意見が、学問の入り口でつまずき、あるいは、研究のねらいややり方に悩み、課題の解決に困難を感じている方にとって参考になるところがあるとするならば、筆者にとってこんなにありがたく、うれしいことはない。

ただし、あらかじめ述べておきたいが、本論の記述は、あくまで筆者の個人的な経験に基づく意見の開陳であり、他の方法があることを否定するものではない。また、体系的な史学方法論といった形式ともなっていないことをお許し願いたい。

1、史・資料の調査と歴史に対する問題意識

近現代史資料の無限性と多面的な歴史認識

さて、どこから話を始めればいいのか。まずは、歴史の存在を確信し、興味をもたらすきっかけともなるものとして史料あるいは資料という存在があるのだから、それとの遭遇から始めるのが最適だと考える。もちろん、ドラマや小説、そしてなかには歴史論文に触発されることもあるだろう。だが、ここでは、それらはしばらく脇に置いておくこととする。ただし、論文については重要なので、あとで述べる（なお、これから以後「資料」「史料」という二つの表現を区別して使う。とりあえずは、歴史を解明する上で直接に参考とされるものは「史料」と書き、そうできるかどうか判明しがたいものとか、そうできるものとできないものとが混じっているものについては、とりあえず「資料」と書いておくこととする。「史料」と同じ意味で「歴史資料」という表現も使う。両方が混じっている場合には「史・資料」と表記することもある。いずれ、どこかできちんと説明したい）。

ところで、今残されているさまざまな史・資料のなかに時代の本質に根ざす重要な文字等を見出したときに、初心者のみならず研究者は、とりあえずそこに引き込まれるだろう。だが、それはなぜなのだろうか。なぜ、引き込まれるのだろうか。一方で、同時に複数の人が同じ資料あるいは史料を見ても、

感想は一様ではない。この場合は、どこからその違いが生じてくるのか。

まず、人が史・資料というものを見たとき、そこに歴史を感じ、理解するためには一定の歴史に関する知識がなければならないことを述べておこう。史・資料に引き込まれるためには、まずは、「今自分が生きている社会や物事には歴史があり、歴史はその痕跡を残す」とする認識は不可欠である。それがなければ、眼前にしている史・資料に歴史解明の素材としての価値を見出すことはない。

さて、今眼前にする史・資料というものが、どんな歴史の解明に資することができるのかという問題は、その発見において、それを見る人、あるいは取り組む人が、その史・資料が語る歴史に関し、どれだけの問題意識を持っているか、また、その歴史についてどれだけ多面的に理解しようとしているかにかかっているものである。事実、当該の歴史に関する知識を蓄積したところの人物にかかると、それらがいかに短く、内容が部分的であっても、そこからどんなに大きな歴史の認識が語られていくか、驚くことも少なくない。

歴史学とは、雑多な存在である資料のなかから、歴史を語る史料としての価値をどうすれば発見できるのかを学ぶ学問である。このことは、とりわけその学問に取り組み始めた時期において重要な意味を持っている。ここに先達の指導は極めて重要である。それなくしてどのような認識が可能となるのか。いずれにしても先達の指導があって、初めてそれに接近していく道も示されるのである。

一方、ここに歴史学に志した当該の人物が歴史学に取り組む能力を持っているかどうかを見抜くカギも隠されている。これは指導者に即しての話であるが、指導者は、まず史料となるかどうか判然としない資料を見た初心者が、それに対しいかなるコメントを発するか、しっかり把握し、大事なポイントを指摘しているかどうかを判断しなければならない。ときには、初心者のコメントのなかに、自分も気が付かなかった重要な問題を指摘していることもあるだろう。もし、そのような場面に遭遇したときには、指導者は何はともあれ、そのことを指摘し、評価した上、励ましてやることに努めなければならない。そして、同じような史料あるいは資料についての知識とそれを調査することの重要性を教えるべきである。その役目を果たせないのでは、歴史の先達とは呼べないだろう。

さて、これから以降は、史料の歴史的な価値の認識に関して筆者個人が経験したことを話していくこととしよう。

筆者が本格的に史・資料に関する理解の道に進み出したのは20歳代の半ば、関西大学において公害問題の史的形成・展開に関する調査を進めようとして、基礎となる資料に当たり始めたとき以来と考えていい。小山仁示先生からは『大大阪』という雑誌の調査を進めることを示唆されていた。筆者は、それが保管されている大学図書館の書庫を探索し、そこで『大大阪』のページを繰ってみた。そこには、たしかに関係すると思われる記録で溢れているようであった。筆者は夢中でそれらを集積し始めたのであるが、同時に『大大阪』以外の雑誌も多数並んでいるのに気が付いた。そして、そこにも何かあるのではないかと考えた。そこで、自らの判断でそれらを調査するとともに、大学内にあるもう1つの図書館の書庫も調べ始めた。すると、そこには新聞縮刷版（今なら過去の紙面データ）があり、ほかにも既知の史学系論文や史料集に収録されていない、というよりも既存の知識では、それが史料となる存在であることすら想像できなかった記録・資料が膨大に、また位置付けられることもなく存在している事実にすぐ気が付いた。それは、筆者にとってまさに驚くべき発見であった。

考えてみれば、それは、公害問題を歴史的に解明しようとしたからこそ目に入ってきた多数の資料であったことは間違いない。もしも、公害問題にも歴史があり、それを解明するという問題意識がなければ、そうした資料が歴史資料となる可能性さえ意識されることもなく、見過ごされていたに違いなかったと考えた。筆者は、歴史なかでも近現代史に関する問題意識が無限に広がるものであり、それに対応して史料もしくは資料もまた無限に存在するものであると、気が付いたのである。史料もしくは資料とは、これを解明するという問題意識があるところに初めて出現する対象物だったのである。

歴史の多面性と史料価値の限界性

ところで、出てきた資料を史料として読み切り、検討すれば、歴史は十全に見えてくるのだろうかとも、筆者は考えた。実際、研究の初めに遭遇したのは、公害問題に直面して発表された各種の研究論文が中心であった。もちろん、それも史実を語るという意味では「史料」と呼ぶべきものであることには間違いない。しかし、その量が物理的にいくら多くても、それだけでは目的とする歴史の全体像の解明には結びつかないのではなかろうかという疑問も湧いてきたのである。それは、それら見つけ出した「史料」と呼ぶべきものが、あまりにも公的な研究機関がまとめた研究報告的な存在で、全体の一側面に止まっているとの感を抱いたからである。すなわち、その「史料」とは、所在する場所とか、作成した人物あるいは機関などによって、その性質が規定されていて、全方位的な認識にはまだ不十分なところを多分に持っていることがすぐに分かったからである。

筆者は、それを補強する史・資料はもうほかにないのかと気になってきた。そこで、戦前・戦中に公害を報じた新聞を探し始め、さらには、別の角度から公害を論じたところの種々の論文や報告書の類いをもっと広く集めようとした。こうしていろいろな方面に調査を重ねていくと、関係する事件・事項、あるいは人物や組織などが確実な存在性を持って浮かび上がってくることに気が付いてきたのである。また、それだけでなく、それら相互の関係もそこに浮かび上がってきた。いわば、歴史が立体的に見えてきたのである。そうだ、歴史学とは総合し立体化して全体を理解すべき学問なのだという感想も持つようになっていった。

さて、ここまでくると、筆者は自立的に、もっと手を広げて史・資料を探し始めるようになったようである。たとえば、いろいろな資料を読むなかでその存在に気付いていった『帝国議会衆議院議事速記録』とか府会や市会の議事録を探して読んでみることとした。すると、そこにはそれまでの調査で見つけられなかった公害事例の数々、被害者の思いや被害地域の情報、関係企業の事情が綿々と記述されているではないか。一方、公害があった地域に赴き、残された水利組合の記録や地元新聞などを見たとき、さらにはまだ健在な当事者から直接話を聞いたときには、当時、問題に直面した当事者の思いや行動がそこに見えてきた。社史の類いにも注意すると、加害者としての言い分が語られていることに気が付いてくる。また、行政文書や行政裁判の記録・文書を探し出して読んだときには、基準が定まらずに、その時々にまちまちな対応をする当局の姿がそこに浮かび上がってきたのであった。これらは、いわゆる芋づる式という調査であって、それによる歴史認識の広がりはまことに著しいものがあり、楽しい思いを引き起こしてくれたのであった。

筆者は、こうして他に残る1次資料あるいは1次史料の存在の可能性を考え、その存在する場所に見当をつけ、それらを探し出すことのおもしろさを実感し始めた。資料の所在する場所を推測し、実際にそれを探し出し、続いて調査・研究できる方法にも習熟していくこととなる。

筆者は歴史を多面的なものとして理解しようとし、そのためには立場の相異する、多様な1次史料を比較し、総合することの重要性に気付き始め、その方法を追求しようとし始めていたと言っていい。なお、1次史料とは問題に直面した関係者がそのとき、その解決のために作成し、あるいは受け取った文書・記録であり、事件後に整理や加工が行なわれていない史料のことを指す。

筆者は、それぞれの第1次・第2次といった歴史資料について、その限界を理解し、あわせて、それらがどのような意味でなくてはならないのか、また他の資料とどう関係しているかを確認しようとした。そして、こうした作業を積み重ねていくことも、歴史を深く認識する上で大事で必要な作業であり、歴史への貢献と呼ぶべきであると考えるようになった。少し教訓めいた言い方をするが、歴史なかでも近現代史の解明を志す人は、少なくとも一度は資料ないしは史料に関するこのような体験をしておくべきではないかと思う。

もちろん、このように多面にわたって第1次資料（あるいは史料）を求めることは、実証を重視する流れであったことは間違いない。しかし、これはいわゆる実証主義に基づく実証とは違うのであって、一つの歴史研究課題の発見に関わる作業であったことを強調しておきたい。筆者は、史・資料は歴史の事実を知る上で宝であると感じ始めていた。すなわち、人は、今述べたような経験を積むなかから、近現代史に関する史・資料とは、一点だけではなく、多数を比較するなかで歴史研究上の問題意識の広がりや関係する歴史上の知識の確立とともにその存在が期待され、調査された上、一つひとつ見つけ出されていく存在と認識するようになっていったのである。言いかえれば、近現代史上の史実と歴史を理解する上で価値を有する「史料」とは、まだその存在すら知られていない1次資料群のなかに紛れているものが多いこと、歴史資料の存在とは、それを求めようとする研究者の意思(こころ)があって初めて見つけ出されるものであって、まさに歴史課題の無限性・多様性と相俟って、それ自身無限であると考えなければならないことも分かってきたのである。

筆者は、筆者が手を着けるまで、まだほとんど注目されることもなかった(「公害に歴史があるのですか」といった質問が繰り返されていたことを思い出してほしい)研究に一から取り組んだことをありがたく思うこととなる。

資料の消滅と史実の発見

ただし、理解しておくべきこととしては、存在そのものがさまざまな事情(たとえば所有者の無理解、火災、災害など)のなかでこの世から消滅してしまった史・資料も多いという事実である。それは、のちにもっとよく分かってきたことであったのだが、実に数多く聞くこととなった。むしろ、消滅が多い方が普通なのである。

だが、歴史とは、そのような不十分な史・資料の残存状況のなかでも別の関連史・資料によって事実が推測され、あるいは補強されていくものである。また、数少ない史・資料の発見をきっかけとして新たな認識や視野を開いていくことも少なくない。とくに、多くの人に影響を与える出来事に関係していればいるほど、こうした事実については、心がけておれば、どこかから手がかりが得られるものであることにも気が付いてくる。

一例をあげてみよう。ある日のこと、和歌山県海部郡小（古）屋村の素封家が残した古い資料の中から表紙に「明治十二年六月春陽社書籍交換録」と記した小さな綴りが出てきた。中身は日付と書名だけで、そのときにはそれが何を意味するものか判断できなかった。しかし、数年後和歌山のまちから10キロメートルほど東へ行った那賀郡貴志川町の民家から「春陽社盟約録」と名付ける記録が見つかり、『和歌山新聞』の広告欄に春陽社の移転広告を見つけるなどのことが続いた。児玉仲児の日記にもしばしば登場してくる。それらを総合すると、春陽社とは自由民権期にそうした活動に資するための書籍貸し出しをしただけでなく、これら各地を結んだひとつの学習兼宿泊的な組織であったことが分かってきたのである。それらの史料を総合すれば、当時その利用はなかなか盛んなものであったこともうかがわれた。要するに、今もうひとつ明確ではない史実の追求は、現時点で資料あるいは史料がなかったからといって、諦めてはならず、いつも心に留めておかなければならないということである。

近現代史を研究するとは、そうした史・資料の存在状態と身をもって格闘し、見つけ出した史料の歴史的意味を推測し、まだ見ぬ史実の解明に立ち向かっていく知的な格闘作業であることに思いを致さなければならない。筆者は、歴史は、確かな史実を語る資料を確認するとともに、真実の姿を多面的に理解していこうとする研究者の心のあり方が、その発展を支えているとも考える。史料は史実を確定するという意味で「史料は宝」とも言えるが、同時に、それはあくまで史実を解明しようとするために多面的に史料を求める心の働きがその発見に導くという意味で「史料は心」とも言えると感じたのである。一般的に言って、大量の1次資料を通して大事な史実を見つけ出していく作業とは、当該の問題を中心に自己の歴史認識を確立する過程なのであって、近代史研究者はそうした過程との絶え間ない相互作用が求められていることを自覚しておくべきであろう。

繰り返すこととなるが、「史料を探す」という行為は、対象を前に実際に行なう物理的な調査とか整理の作業だけでなく、歴史の事実と密接に関係し、その歴史的価値を正確に認識するまでの極めて高度で、人間的な知的作業であることを確認しておきたい。筆者は、つねづね「史料は宝」「史実は心」そして「歴史の学びは心意気」という言葉を語るが、その意味は以上のような史・資料発見に関する経験にあることを理解してほしい。また、よく考えてみれば、「史料は心」とも言えることに気付くのである。

ここで、書き始めのところで仮に脇に置いていた、論文から歴史を知るということについて、以下少し補足をしておきたい。まず、具体的で重要な史実に溢れ、それを歴史の流れに位置付けた論文であれば、初心者であれ、経験を積んだ研究者であれ、自分も負けずに同じテーマの歴史を調べてみたいという気持ちが生じてくるであろう。これこそ研究への誘いである。とくに、すでに研究への訓練を積んだ研究者にとっては、史料の読み方で自分が気付かなかった視点が指摘されているときには、たいへん衝撃を受けることであろう。史料の評価について、自己の見解を表明するチャンスが得られたとも考えるべきであろう。

他方、前者すなわち初心者の場合、自分はどうすればそれと同じような研究ができるか、また、どうすればその研究を自己の研究に生かすことができるかを考えなければならない。ここにおいては、当該の論文に指摘された史実の存在を自らの目で自ら証明し、確信する史料の発見に、まずは努めることが重要と思われる。そうすれば、自らの研究にも確信と勇気を得ることとなるであろう。ただし、歴史学における史料の発見とは、すでに出版され、誰にでもそれを読む可能性が開かれた古代史や多くの中世史史料は別として、研究者個人が史料所有者との私的関係の構築に努力した結果得られたものが多いという一般的事情もまた踏まえておかなければならない。要するに、論文掲載の史料には、他の人間が簡単に到達できない過程も多く含まれていることを考慮しておかねばならないということである。論文執筆者は、そうした史料については他の研究者のため、その史料の共有化が可能となるよう論文の書き方には注意しておくべきである。そうした史料の利用に道が開かれているとき初めて他の研究者は、知らなかった史実を明らかにした論者を真に尊敬するとともに、自らもまたそれに続く史実を確認する喜びを追体験するのではなかろうか。また、そうなってほしいと希望するものである。さてその後は、そのテーマの研究に志す人は、これに先だって縷々述べてきた通りの努力を行なっていく必要があることは言うまでもない。

問題意識を絶対視してはならない

歴史に対する問題意識は、以上述べてきたように極めて重要である。それは、史・資料を発見し、歴史認識の確立に至るまでの希望であり、地図とか海図のような存在でもある。

少なくとも近現代史の研究においては、その希望がしっかりした史実上の基盤を持っていることが求められる。また、地図や海図が正しいことも求められる。実際、そうであったときには、資料もしくは史料発見の活動も順調に進むものである。だが、実際の研究においては、そううまく運べないときも生じてくる。とくに初心者の場合、それは結構多く、大きな希望を持って史学に志しながら、初めの段階で挫折する事例も数多い。

もしも史・資料調査の手順を正しく踏んでいても、調査が行き詰まるときには、史・資料の隠蔽とか喪失を疑うか、あるいは解明しようとする歴史に対する自己の思い、地図や海図自身を疑わねばならないだろう。後者の選択しか残されていないと思うときには、不本意かもしれないが、問題意識自身に問題があり、その再検討が必要となってくる。

筆者は、１９８０年頃、戦時下に立案されていった大阪市の産業基盤構築に関する史・資料の調査で行き悩んだ経験を持ったことがある。すなわち、１９３０年代後半期以降大阪市が巨大な産業都市として発展することを求め、一部は兵庫県・奈良県までも市域に加えた大合併の実現を中心に、道路・港湾計画などを立案していたものである。筆者は、この計画が戦時下の都市構造をどのように変えていくのかたいへん大きな関心を持ち、関係資料の調査にかかったことがある。だが、期待したほど関係資料は見つけ出せなかった。当時は、その原因に関して、戦時下における資料隠蔽とか、いろいろ考えたが、今になって考えるのは、そうした企画が推進できる客観条件についての考察が不足していたのではないかということである。この産業基盤構築の企画は、そもそもどの部署あるいはセクションで行なわれたのか、どんな見込みが伴っていたのか、企画者を一概に支配権力と一般化せずに、相対化し、柔軟に評価していくことをやっておればとの反省もある。また、もっと重要なことは、戦後における事業継続についても考えるべきであったということである。しかし、実際のところ、戦後の事業との継続性や関連性については、当時具体的な考察に及んでいない。ここでは、近代史研究者は戦後の歴史にまでは踏み込まないでおくという、当時の歴史学界の通弊に知らず知らずの間に侵されていたためであろうと思う。同じ頃戦中期から戦後期にかけて継続した和歌山県海草地方事務所の通達を地域の歴史資料として『和歌山市史』第9巻のなかで大量に翻刻したことには自負を感じていたのであるから、このような戦後史に対する一面的な見方あるいは無頓着は理解しがたい行動であったとも言うべきであった。この対応については、筆者は完全に思考停止に陥っていたと思わざるを得ない。

ただ、著者は、幸いにして問題の解明に向けて無理をせず、とりあえずそれを後回しにした。そのために具体的な成果は得られなかったが、大きな過ちに陥ることはなかった。もしも、それをせずに、最初に打ち立てた問題意識にしがみついて、わずかな史料を並べ、「史実」を論じていたならば、それは、おそらく大きな主観主義に陥ったものとなっていたであろう。そして、ついには全体の歴史観自体の歪みを生じさせたと思う。つまり、見つけ出した「史実」を自己の頭の中で構築した仮想の世界に適合させようとして、全体を歪曲せざるを得なかったと想像する。

そもそも、問題意識とはいかなる内容を持っているべきだろうか。もちろん、いかなることに問題意識を持つかについては、研究者の自主判断の世界であり、他の者がとやかく言うものではない。しかし、いかなる課題に興味を示すかは、当該研究者の人間と地域を見る目のありようを示すものであって、研究の成否を左右する基本条件と考えていい。ただ、これについては、次の2および3で改めて検討していくこととしたい。いずれにしても、われわれは、問題意識の主観主義化を避けるために史・資料の調査を重ねて、自己の歴史認識の妥当性を確かめ、かつそれと併せて、いつもその見直しを続けていかねばならない。もちろん、問題意識は、史実に関する知識が増え、歴史の基本的な流れに関する認識が厚みを持ってくるのに比例して、多面的に且つ具体的になってくるものである。それは、資料あるいは史料を見るなかから、あるいは先行研究に目を通すなかから確立していくものと思うが、要は歴史の基本的な流れに対する認識力の向上が大きな役割を果たすものである。

われわれは豊かな問題意識を発見する力をつけるために、日夜努力を重ねなければならない。歴史に関する認識が多面性を増し、厚みを増していくほど、それを基盤とする問題意識もしっかりしてくるのであるから、もう大丈夫と考えてもいいかと思うこともあるが、それでも、知らず知らずの間に問題意識が歪んでくることもあると考えていた方がいいように思う。

われわれは、焦ることなく、当該の問題意識について、ゆっくりと前後左右辻褄の合う展望を求め、関係する史料の発見を確認し続けなければならない。要するに、問題意識自体は、それが学問的に根拠を有していると考えるならば、それを大きな成果に結びつけることができるよう、機会あるごとに自己の設定した問題意識の有する社会的な意義を考え、史・資料が語る史実と照合し、考え直していくべきだということである。

2、先入観への気付きから歴史認識の転換へ

思い込みへの気付きと歴史観の転換

歴史の事実は研究者の想像をはるかに超え、頭に刷り込まれた先入観を覆すというか、往々にして歴史の構造に関する常識的な認識の大転換をもたらすことがあり、問題意識の転換もこれに従って起きることがあることを述べておきたい。

ここでも、筆者が気付いたことをひとつの例にあげて説明してみよう。それは、第3期の記述ですでに述べたことと同趣旨のことを取り上げるので恐縮だが、たとえば、簡単で当然のように見えるメートル法と尺貫法の換算基準の歴史的な確立であり、そこに示されている主客分離の近代合理主義の確立についてである。

現代人は長さの換算表を見て、それで、まずは満足すると思う。すなわち、1尺＝30・303センチメートルという数字を見て、それで長さの比較ができたとして納得するのが普通であろう。しかし、筆者は、いつのときにか、1尺という長さは日本全国どこでも同じ長さとしては存在していなかったという史実を知って衝撃を受け、しかもその変換の背後に近代合理主義の適用という物事の考え方の大転換が隠されていたのを知ってさらに驚愕したことがある。それは、驚くべき歴史に関する認識の転

換を生み出したものである。

まず、どうやって今の換算表は可能となったのか、そのいきさつを語るところから始めていきたい。以下述べることは、明治前期大阪編年史の編纂過程で見つかった史実に基づくものである。

明治初年、造幣局の技師に大野規周という人物がいた。ある日、当時正確に1尺と言われた物差しを全国から集めて比較してみた。すると、微妙に食い違っていることが判明し、どれを基準にすればいいのか、迷ってしまったというのである。彼は、このように1尺の長さが区々であるのならば、国際基準に立った権威ある貨幣はつくれないと訴えた。そして当時国際的評価が定まっていたメートル法に着目し、3・3尺でちょうど1メートルになるように、逆に1尺の長さを決定することを提案したのである。政府も、なるほど金本位制の時代、日本政府が発行する貨幣が世界中どこでも通用するためには、どこで計測しても同じ品質、同じ長さで同じ重さでなければ、日本の貨幣は国際的な信用を得ることはできないと考え、大野の提案を採用したのである。それだけでなく、それを基準に各地方用に「尺原器」を製作し、今後はこれを基準として物差しを検査するよう全国に配付したのであった。

つまり、明治初年になるまで全国共通の1尺という長さは現実には存在しておらず、1尺の長さは、国際標準ともなっていたメートル法を基準にこのとき初めて確定したということである。これに気付かず、日本近世の物差しも今と同じように全国同一の長さを伝統的に表示していたと考えるのは、史実に合わない先入観、すなわち思い込みであり、誤りであったのである。

ところで、この史実は、明治以降急速に広がった近代合理主義のことを考え直すようにわれわれを仕向けるのではなかろうか。まず、絶対的な基準を定めて、どこでも、いつでも、また誰でもが同じ長さを測るという考え方やり方は、現代社会ではあまりにも当たり前になっているものであり、これを近代合理主義と呼ぶことに異論はないだろう。実際、それは国家間であれ、地域間であれ、企業間であれ、あらゆるものの比較を可能とし、便利なものでもある。

このように、近代合理主義などと言えば、何となく思想的なテーマと考えやすいが、実は、頭の中だけの問題ではなく、非常に即物的な課題でもあったことに気が付くのである。また、落ち着いて考えれば、こうして定められた絶対的で、標準的な1尺という長さを簡便に知るために全国に尺原器を配付するというのは文明開化そのものではなかっただろうか。むしろ、この行為は日本近代の発展を支えた「文明開化」の理念の本体でさえあったと考えてもいい。

年号が「明治」と変わり、「万国対峙」の状況下、国際社会で生き抜いていくためには、「先進的な」欧米技術の移植がめざされたことはよく知られている。いわゆる「文明開化」であるが、そのひとつの方法として、人間活動をすべて万国共通の計測可能な基準によって対象化し、国際的に比較できるようにするなど、合理的な方法の普及は、日本社会にとって大きな価値転換となる生産力の増大を促す一大変革だったと考えることができる。

同じような近代合理主義採用の事例は、明治の初期、実に多方面に広がっていたことに気が付く。思いつくままにあげても、たとえば時間制の採用がある。すなわち、太陽暦の採用、それと同時に実施された1日24時間制、さらには全国的な標準時刻の制定である。もちろん、学校教育におけるカリキュラムや時間割の策定、成績表の作成も、列車の走行時刻表の作成も、また工場や事業所の勤務時間も、この考え方の下で決められていった。さらにもっと探せば、重要な政策としての貨幣制度の統一があり、職階制の構築などもある。それらは、そうした政策の追求の結果生み出された制度である。そして、そうした「合理的」やり方の制度化こそが「文明化」であるとされ、能率向上に結びつくとされ、その実現普及が求められたのであった。しかも、社会がそれらをいったん決定すれば、人間の方がそれに合わせて行動するよう要請されるようになる、という意味では非人間的な方法の採用でもあった。実は、文明化とはこのようにして日本の隅々まで席捲していったことを知らねばならないのである。

文明開化の思想とか制度とは、こうした「合理」思想を国民に押しつけていくスローガンでもあったことが見えてくるのではなかろうか。また、そうなってくると、「文明開化」のイメージは現在通用している「善」一辺倒から一変せざるを得ないものとなってくるだろう。言いかえれば、近代合理主義の歴史理解のためには、文明開化は善であるという先入観というか、現代では常識となった知識を前提とした一面的な思い込みは、その実態を知るためには捨てねばならないことに気が付いてくる。

先入観支配の実例あれこれ

では、もういくつか、先入観が史料によって否定され、それを考察するなかで新たな気付きに到達した事例をあげてみよう。

ひとつは、１９９０年代初頭の頃の経験である。明治前期大阪編年史の編集過程で、筆者は『五代友厚関係資料』のなかに記載されている五代友厚宛て大久保利通書簡を掲載順に読んでいた。そのときのこと、1874年（明治7）1月の手紙に、大久保が次のように書いて五代と税所篤の両名に送っている手紙を見つけた。関係箇所を現代語に訳して紹介してみよう。

あなたもお聞き及びと思いますが、最近旧参議その他三、四名の連名で民選議院を起こすの建議がありました。趣意は現在宸断に出るという名はあっても、実は三、四名の有司が擅にする政治と言わなければならない。人民が各々その権利を持てば二、三の有司に束縛圧政を受ける道理がない故に、人心鼓動して、是非天下の論をもって公議に決し、政府を破ろうとする策のように相見えます。しかし、この建白のことはよほど失策に陥り、ひとりとして甘心《（感）》するものがありません。なんにも知らない者までが笑って、外国人までも種々異論あるもののように聞こえています。おおよそこれにてその深浅を知られ、我がためには幸いでございます。

筆者は、この箇所に目が及んだときに、たいへんな衝撃を受けたことを忘れられない。「なぜ、衝撃を受けたのか」、などとは問わないでほしい。

言うまでもなく、ここで大久保が指摘している建議とはまさに民選議院設立建白であって、『自由党史』を初め、現在では教科書も含む多くの歴史書でこれが自由民権運動の最初の宣言であると評価されている歴史的な文書である。この文書で初めて、征韓論を契機に下野した旧参議達から政府は、今の国家が有司専制であって、人民も天皇も国政から外されていると告発されたものであった。

政府は、この建議書の受け取りを拒否し、提出者たちはそれを日本国家の権力が及ばない外国人発行の新聞『日新真事誌』に掲載した。大久保が、別途『日新真事誌』などを通してこれを読んでいたことは、この手紙で確認できるだろう。もちろん、それ自体は国家の牛耳を執っていた大久保として当然の行動であり、何の驚きも伴うものではない。当時筆者が驚いたのは、大久保のこの文書に対する余裕に溢れた評価の方であった。

この手紙を読んでいた筆者は、自分の目が右の文章の下りにさしかかったとき、政府＝大久保は厳しいところを突かれたものであるから、もっと深刻な反応を示すものと予想したのであったが、案に相違して「この建白のことはよほど失策」とか、「その（下野した参議グループの考えの）深浅を知られ」とか冷笑し、「我がためには幸い」とまで言っていることに驚いたのである。これが単なる強がりとか虚勢を張ったものでなかったことは、大久保の手紙の書き方から明らかであった。

大久保は、なぜ有司専制を批判する文に対してこのような悠然たる態度をとれたのか。筆者はかなりの時間考えなければならなかった。その結果、ようやく、これは明治初年における政治に対する社会一般の考えから発せられたものにほかならないと気付いたのである。つまり、政治というものはお上か、そこに通じる者だけが参加を許されるものであるという、江戸時代以来の（あるいはもっと古い時代からの）一般に流布した考え・思想に依拠したものであることに気が付いたということである。それは、国民を政治の場から遠ざける、いわば愚民観と言ってもいい。もちろん、戦後の民主主義政治になれた現代人ならば、こうした考えには立っていないことは明らかである。そうした現代人にとっては、建白書が立脚している人民主権あるいは国民主権という原則はあまりにも自明のことである。だから、現代人である筆者が、批判を受けた当事者である大久保はまずは驚くと考えたことも当然のことと言っていい。だが、人民主権の思想がほとんど存在していない明治初期の頃においては、それを恐れる思想的な基盤もまた社会的に存在していなかったに違いないということに気が付いたということである。大久保は、明治維新を経ても消滅することなく社会的に存在していた政治的な愚民観に対し、それを当然としていたのである。こう考えれば、大久保が見せた反応は全く自然なことと理解できるのである。

明治初年に人民の政治参加の権利に関する認識は社会の全体的基盤として、まずは存在していなかったこと、政治意識としては愚民観が支配していたことを、もう一度ここで確認しておこう。それこそ、明治の政治を理解する上で、まずは知っておくべき基本知識であったのである。もちろん、そんなことは言われなくても知っているよと言われるかもしれないが、それを実際の政治の場面で理解することが今は求められているのである。明治政府を打ち立てた大久保のような変革者であっても、右の愚民観思想からは自由でなく、また自由でなかったが故に、そこを突いてきた民選議院設立建白書の持つ破壊性に気が付かなかったことに現代人は気が付かなければならないということである。

こうした理解ができると、明治期には野心のある人が統治権力につながる官僚への道をめざしたこと、それに関する名誉欲を満たす上で位階制が強固につくられていったことにも合点がいくだろう。また、国会ができても、女性を排除し、一定の納税額を有しない男性も排除していたことに、当時の人びとの間に大きな疑問がすぐには生じなかったことにも得心がいく。では、このような一般的な思想状況のなか、民選議院設立建白書の思想はこの後どのように国民の間に広がっていったのであろうか。人びとはこれをどう受け止めていったのだろうか。ここに大きな歴史の認識課題が生じてくることも、もはや十分にお分かりいただけることと思う。民権思想とはなにか宣言が出たから生み出されたのだ、などと安易に理解することは止めねばならないのである。

では、もうひとつ例をあげてみよう。今度は、筆者が失敗した例である。筆者は、公害問題の歴史的展開を追う過程のなかで、産業界の力が強くなるのと比例するように、弱者の健康や共同体的利益が奪われていくのを国家が容認するばかりでなく、それを批判する人びとを監視し、排除していく姿勢を生み出していく事実を確認していったのであるが、長らくその動きを１９４５年8月15日以降については具体的に検討してこなかったのである。それは、戦中・戦後ともに官僚統治体制が維持されているという事実に気が付いていながら、自分は近代史専攻であるから戦後史には手を出さないでおこうとする思想に支配されていた結果であろうと思う。その結果、戦後復興期～高度成長期の公害問題に関する国の対策を考察するための資料の調査をなおざりにし、国民の間における人権意識の形成に関する議論を抽象的なレベルに止めてしまっていたのではないかと、今になって反省するのである。

このような失敗事例は、見ていけばいくらでもあると思う。これは、紀州の粉河で地租改正が実施されようとしたときのことである。先行研究においては、そこで地価の検査を受ける農民たちが国の考え方をよく知っていた事実に気付かず、リーダーの解放を求めて集団で県庁をめざした農民らの行動を、展望を持たないその場限りの一揆と同一視してしまったという誤解を犯している。それらは、いずれも百姓とは、武士とは、あるいは百姓一揆とは、といった一般知識に基づく先入観に支配された状況が生み出した誤認識であった。ちなみに地租改正の研究においては、その思想の分析よりも、その規模や行動の激烈さが中心となっているが、これはやはり、百姓一揆という概念から自由になっていないところから生じてきた研究のあり方を示すものであろう。全国の地租改正を理解する上からは、早く解消されることを望むものである。筆者は『粉河町史』において力を込めて、その真の革新性を論じたものである。

なお、ここで少し紹介しておくならば、筆者の記した『新版 日本近代史の探究』（世界思想社、1998年）のなかの第2部には、そうした事例を多面的に紹介している。たとえば、9「都会と民衆」、11「西郷隆盛の挙兵と農民一揆」、12「西南戦争と大阪」、13「人力車の世界」、17「最初の対ゲリラ戦」など、興味を惹かれるところは多いものと思う。

研究を続けていくなかでは、まさにこうした先入観に基づく誤認識とそれに対する気付きがいろいろな機会に訪れる。そのとき、既成の観念に基づく先入観にこだわっていれば、そこで史実の追求が止まり、歴史の真実に近づくことはついに不可能となるであろう。また、歴史のおもしろさに目覚めることもついにかなわないだろう。史実を先入観なくして虚心坦懐に理解しようとする態度を育てていくことが大事になってくるのである。まさに、「史実は心であるだけでなく、史実も宝」なのであって、その宝であることに敏感に感応する力を育てていくべきであろうと思う。とくに、われわれは、学校での教育やさまざまな知識を通して、いつの間にか無数の先入観に侵されているということを知っておくべきであると思う。

3、歴史の論点と現場

歴史を見通し、人と地域を語ることのできる喜び

ここからのテーマは、研究における目の付け所に関することである。必然的に、1・2にもまして筆者の個人的体験に基づく叙述となることを、あらかじめお許し願っておく。

さて、歴史家は誰でも研究を続けていけば、歴史のなかにおける問題の形成・展開を理解するための基本的視点、およびその過程に出現する主要な論点を整理し、具体的展開についても体系的に語ることができるようになる。それは、歴史が見えてくるという境地であり、研究はこんな喜びを与えてくれるのかという、何というか、生まれて初めて体験するところの心躍る感情を伴うのである。

筆者の場合、ひとつは公害問題の歴史的研究について、比較的早くその境地に達した。それは、第2期の初めの頃、すなわち1980年代の初期の頃であったと思う。「公害問題の社会化」という概念を打ち出し、そこに至る過程を解明するという課題を立てることによってそれは加速し、1983年『近代日本の公害問題―史的形成過程の研究』を書き終わった頃にはその境地に早くも到達していたものである。公害問題は、敗戦に至るまでにすでにいくつかの段階を経ていたこと、それぞれの段階が戦後の歴史の前史を成していることも推測できたのである。筆者がうれしかったのは、その歴史のなかに人権

に関する思想の展開が見られ、しかも、それがまだ一般に位置付けられていない形のものであったことである。「公益」のために多少の公害は無視すべきだという議論が、具体的な犠牲の強要を伴っていることに対する批判を生み出している指摘によって覆されていくという史実を指摘できたことであった。それは、研究を始めた当初から筆者が持っていた民主主義や人権の擁護に資する歴史知識を豊富なものにしてくれた。

ところで、筆者の場合、それと並んで地域史の分野でも同じように大きな感慨に捉えられていたことも指摘しておかなければならない。それは、全国的な歴史が紀北あるいは和歌山においても見えているという確信であり、和歌山あるいは紀北地域を中心に地域史というものが成り立つという見通しであった。そこでは具体的な人間、それも市井に生まれた普通の人間が、生き、働き、希望に満ち、あるいは悩みながらも歴史に関わっている世界が展開しているという認識である。多くの場合、それは人間の発見であったが、その活動を支える歴史の現場の発見とも相俟っていた。

もっとも、地方史ないし地域史は、そこにおいて国家の政策の最末端が見えているから重視すべきだという意見もあることは承知している。その場合地域資料の重視とは言っても、それは最終的には国家政策の解明につながっていく理論とも言っていい。だが、筆者は、中央に視野を集中させている限り生きた人間の姿は見えにくいのが普通であり、範囲を限定した地域でこそ人間の動き、歴史をつくる具体的な姿が見えやすくなっていること、そこでは、強力な権力にあらがう姿を見ることもあるのであって、だからこそ、地域史を研究する価値があるのだと考えるようになったのである。まさに、生きた地域における生きた人間の発見であった。それは、第1期の終わり頃、すなわち1980年頃までには確信に変わっていたと言っていい。だが、これについては、少し振り返りながら、もう少し具体的に語ってみる必要がある。

多様な人間を知る

筆者は、1981年、すでに30歳代半ばを迎えていたが、大阪市史編纂所に主たる活動基盤を得た。現在の大阪市域を歴史の現場と位置付けて、膨大な史料調査を必要とする明治前期大阪編年史の編集作業に着手したのである。就職後しばらくしてからは、史料を通して普通の人びとの歴史を記録し、その意味を解明する基礎的な史料集を完成させようと活動を開始し、根気のいる作業を継続していくこととなった。

最初の3年間は週4日、その後大阪電気通信大学に勤務するようになってからは週2日か1日、定期的に大阪市史編纂所に通い、そこで終日明治前期のさまざまな新聞を読み、あるいは、法令や諸資料、さまざまな日記や手紙などの語ることに耳を傾け、それらを生み出した明治前期という時代を解明する資料と格闘し続けた。10年以上が経過した頃には、まるで明治前期に自分が生きているような錯覚にさえ陥ってきた。明治前期に生きた著名な人物については言うまでもなく、たとえば役人・医者・企業家・発明家・新聞記者・政治家・仲仕・人力車夫・巡査・兵隊・芸妓等、さまざまな職種の人びとの個別の消息を知り、つましく生きている市井の庶民の暮らしや思いも知っていった。なかには囚人となった人びとの感慨も読んでいった。新聞記者が世の中のあり方に対しどんな批判を重ねていくかも理解していった。彼らに関して引き起こされた出来事や思いはついこの間のことのように感じられるようになった。筆者は時代を支え、そこで生きる普通の人びとについて、さまざまな事実を解明していったのである。もちろん、それは喜びであり、そうした歴史的な知識を豊かにしてくれる明治前期大阪編年史の意義を思い、その完成に向かってより執念を燃やすようになっていったのである。また、編纂過程で分かった史実を『大阪の歴史』を始め、いろいろな形・媒体で紹介することにも力を注いだ。

筆者は、普通の市民について、その歴史的なありようを追求しようとしていたことは間違いない。ちなみに、筆者はこの頃明治前期大阪編年史だけでなく、その他基礎的な近代史料の調査と、重要な歴史資料群の保存運動（たとえば司法資料）にも力を注ぐようになっていた。それは、何と言ってもこうした史・資料がなければ、個別の事実とそれに関する普通の市民の関与が見えなくなり、時代を理解する素材を失ってしまうと考えたからである。大正～昭和初期の大阪市政のみならず、全国の都市政策に大きな影響を及ぼした関一関係資料の整理もそれにつながるものと考えたし、個々の司法資料が語ることを解明しようとして裁判所の書庫に足を運んだのもそのためであった。

筆者が考え、実践してきたことは今でも間違っていなかったと考えている。だが、「普通の市民」の歴史的ありようを追求しようとしたときに、知らず知らずの間に重視すべき事項でありながら、視野の外に置いていたものがあったのかもしれない。このことを痛切に考えるきっかけになったのが、1995年1月に発生した阪神・淡路大震災であり、その余韻がまだ強く残っているときに大阪市内大正橋東側に立つ安政大地震・大津波の教訓を彫り込んだ大きな石の記念碑との遭遇であった。後者については、その後意識的に大阪市内や神戸市内を見て歩いて見つけたのであるが、たとえば、大阪市此花区の淀川堤防に建てられた津波記念碑とか、神戸市生田の森に残された折鳥居など、類似の記念物は少なくないことも分ってきた。

理論優先からの脱却

そもそも、阪神・淡路大震災については、筆者は実に身近に体験したものである。それは、筆者がもう少しの日数を積み重ねたら満50歳の誕生日を迎えるときのことであった。本震直後は揺れへの恐怖もあったが、その後で展開した被災地の動向には驚くことが多かった。たとえば、住まいを失った被災者が対応せざるを得なかった暮らしの激変、地震発生の可能性に対する地域の人びとの意識の変化、行政による被災地復興計画案、救援ボランティアの活動など、初めて体験するものばかりであった。また、東京のテレビ局が、この少し後オウム真理教事件が発生すると、途端に震災放映を減少させたことも記憶に残っている。

また、後者の記念碑や記念物は都会地の、誰の目にも分かりやすい場所にあり、当然歴史学に従事していた多くの人も見ていたものと推測できる。にも関わらず、筆者がそれを文章にするまで、学会誌はおろか、どこにも紹介されることもなかったのである。

これらの見聞は、何という歴史学の失敗だと痛切に感じただけでなく、歴史の解明課題とは何か、また、歴史と人の暮らしの関係とはいかなるものかについて、歴史理論として当時何となく思い込んでいた見方を深刻に考え直す大きなきっかけとなった。筆者は、自分の歴史学のなかにも、大きな自然災害＝震災の被害認識が完全に抜け落ち、その史実をきちんと理解せず、不幸に直面させられた多くの人びとのことを、時に冷ややかに無視する主観主義的な傾向があったこと、しかも、それをもって合理的な歴史観と思い込んでいたのであるから、あきれてしまったのも無理はなかった。

筆者は、時代を理解する要素として、第1に、社会変動としての歴史の大局を重視する理論を置き、そこから見れば偶発的な自然現象を、非本質的存在として軽視ないしは無視する主観主義的な考え方を批判しなければならないと考えた。それは、まさに「ようやく」という形容詞をつけるべき認識上の変革であった。このことを反省し、現実に震災によって眼前に起きている史実を先入観なく直視すること、そして、大きな震災がそれに関わった当時の人びとの意識や行動に与えた衝撃や、歴史の変化に対して持つ大きな影響力を認め、歴史に位置付ける視点を見つけ出すことこそが重要だと、真剣に考えるようになったのである。ちなみに、その10数年前すなわち第1期の終りの頃、『和歌山県警察史』の編纂に協力していたときのことだが、鳥羽・伏見の敗戦で紀州に落ち延びてきた多数の旧幕府兵や会津・桑名その他諸藩兵の惨めなありさまを知ったとき、大局を見ることを優先する一般の歴史書ではこれに関する事実が無視されていたことに驚きを隠せず、そうした歴史的な認識状況にその後ずっと批判的意識を持ち続けていたことを思い出す。これと同じように震災を無視していたことは、そこに一脈相通じるところがあると考え直したのである（なお、河川のの氾濫と農業生産の向上への希求の関係について史実にもとづいた考察を行なった『川西の歴史今昔―猪名川から見た人とくらし』神戸新聞総合出版センター、2018年、も、こうした認識の確立が生み出した成果と思う)。

災害というものは、自然現象であっても、人間活動の歴史的ありようと深く関係し、それをめぐる人びとの行動には歴史性があるのである。時代時代における人びとの行動や意識を支えていた原則と震災被害者への対応は、いかなる関係を持つものであったのだろうか。また、それは、どのようにして人の行動や思想・文化のなかに現れていくのか。これらのことを出来合いの歴史理論にこだわらず解明することは、民衆を重視する歴史学の基本課題であると、ようやくにして気が付いたのであった。

歴史が動く場所への着目

一方、この頃筆者は、公害問題史にも関連して、20世紀前後の頃から本格的に始まる近代的大都市の膨張現象にも着目するようになっていた。都市の外延的な膨張というものは、旧来の社会構造を多分に残していた周辺地区に否応のない変貌をもたらし、そこに都市近代化が生み出した基本問題が集中し、人びとの困難が横たわり、対応を求める動きも生じていたことに注目し始めたのである。

都市化の波に翻弄される周辺地域の出現を支えた思想的背景としては、効率優先の近代合理主義に注目した。それは、明治以来都市の近代化に向けて一世を風靡し始めていたのである。いわゆる「文明化」に基づく価値観と、それが新たな差別を生み出す状況も見えてきていた。一方では、それらを批判する思想の形成もあった。筆者は、それらに気が付き、その現場である都市の周辺地域を重視すべきことを強く論じ始めていったのである。それは、史的発展に関する既成の歴史観に基づく決めつけや思い込みを捨て、自分の頭で考え、発見し、さらに感性によっても補強することのできる大きな社会変化に注目するようになったということでもある。

筆者は、大阪においては、遅くとも1910年代初頭すなわち大正期の始まる時期以降には、強い者が全体の利益とは何か、それはどのようにして実現されるべきかの議論を結構強力に提起し始めていること、自然の摂理を無視し、自らの意思を押し通し、その意思に基づく変革とそれに伴う生活上の諸困難を地域社会全体や弱者に押し付けて顧みない流れ（近代合理主義）をつくり出そうとしていたことを明らかにした。一方、その動きに翻弄される地域の人びとの間に賛否こもごもの対応が生じていくこと、なかには、強い者の言う論理を逆手にとって厳しく、本質的な批判の論理をつくり出していく人びとも生み出されていることに注目した。

筆者は、それらを語る数々の史・資料に目をこらし、そうした動きを生み出した時代の構造や、そのなかで問題に直截に立ち向かった動きを支えた人びとと、その思想や歴史を解明することがともかくも大事と気が付いたのである。別言すれば、それは、「理論」からではなく、そうした動きのなかには、いわば人権とか民主主義の形成に結びつく弱者の闘いの歴史を構成する大事な動きがあると気が付いたからである。筆者は、近現代における大都市形成や災害等が有する非人間的側面と非合理主義、それに対応する地域住民の姿を、その現場において不十分ながらも描き出すこと、それをもたらした大きな歴史的背景を語り、その意義を示すことが近現代地域歴史学の重大な責務であることを改めて考えずにはいられなくなっていった。論文や市史・町史などの記述も意識的にそうした内容を追求するものになっていく。

それらの論文では、単に全国的な動きが地域にも存在しているといった記述だけではなく、地域史を基盤に、公害問題やその他の社会問題を結びつける可能性を論じ、日本近代史上の戦略的研究課題としての近代地方史研究というテーマに結びつける可能性についても論じることができるようになったのである。また、それにあわせて、地域や人間とは、その必死の対応において他の何者によっても代えることのできない個性を持ち始めるものであり、歴史の学問はそれを探り出し、解明しなければならないという点も主張し始める。それは、自分の歴史認識にとってひとつの大きな転換点になっていく時期の始まりを示すものであった。

地域史と歴史の最前線

ところで、歴史は、その時代時代において社会的に最も弱い環、最も不安定な地域や分野をつくり出すものである。しかし、そうした場においてこそ、人間は人間としての力量を発揮し、歴史を前に進め、「歴史の最前線」を展開させる可能性を得るのではなかろうか。歴史の最前線とは、外面上のきらびやかさなどのなかにではなく、歴史が突きつける困難な問題を、最も多面的に、かつ集中的に表現している場においてこそ展開するものであろうとも考えるようになった。

実際、歴史の最前線の発見とは、そうした場所や分野を空間的・思想的に見つけ出すことであると考えるようになった。また、そのとき、地域史ないしは地方史の研究はしばしば歴史の最前線に近づくのではないかとも感じるようになった。

そこでは、たとえば自然災害の問題、公害の問題、差別の問題、地域におけるさまざまな思想の問題、あるいは軍隊や戦争の問題、人の生活・文化の問題が人権という一点において互いに関連し合い、展開しているのではないか。本書でさまざまな形で論じているところの「人と地域が見える歴史学」とは、まさに以上のような場において具体的に自らを展開している主体や地域を発見することを指す概念であって、それらの持つ可能性がギリギリの地点において表れてくる、その姿をすくい取るなかに形成される学問と言うべきではないかと考えるようになったのである。

繰り返すようであるが、地方史とか地域史とは、この意味でまさに歴史を理解する上での戦略的位置を占めている学問と心得るべきである。地域と人間の相互にからみ合った展開を知り、それが人権というキーワードにおいて結びつけられる地域歴史研究を深化させることは、いわば、歴史学の根本的要請と考え始めたのである。

筆者は、長い体験を通して、こうした歴史の現場・最前線の思想に辿り着いた。そして、歴史の最前線とは、中央のみならず、中央の動きに対応する各地域において形成されていることを確信するに至ったのである。問題は、そこを見落とさないようにいつも注意しておくことだけだと考えている。歴史の最前線が存在する場所・分野に気付くこと、そこにおける問題の展開を突き詰めるところにこそ、近現代地域史研究の持つ醍醐味があると考えるようになったとも言えよう。

ただし、そうした地域に住む人びとがいつも力を持つものに対し批判的であり、行動的であったとは限らない。むしろ全体として見れば、たとえば戦時下大阪という大都市の住民が、その至る所に煤煙の害を撒き散らされ、健康と生活に害を受けていたにも関わらず、それを問題としなかったという歴史も持っている。また、発展の全般的縮小傾向に入った現代においては、力を失う地域が広がり、一般的となり、なかでも限界集落とか消滅集落まで出現するようになっていることも無視してはならないだろう。

人は追い詰められたら立ち上がるというのは、歴史を研究する人間にとって期待かもしれないが、そうならない事例もまた多いことには注意しておきたい。たとえば、都市の「発展」の影で土地や生産手段を奪われ、別の舞台で改めて生活の再建に取り組んだ人びとは多いのである。要は、そうした期待を実際の歴史と取り替えるのではなく、期待通りにならなかったという事実を直視し、そのことの持つ意味を理解できる視点を見つけ出す努力をこそしなければならないということである。今日においては、衰退していく場所もまた歴史の最前線と理解し、そこに歴史の大きな変化を見抜く感性を養っていくことも大事な課題となっているのではなかろうか。

地域に学ぶ地域＝交流の意義を考えること

さて、ここまで筆者は地域にかけられる圧力の存在を中心に研究課題を論じてきた。しかし、地域の歴史を見ていくと、離れた地域同士の文化的・経済的な交流が当該地域に大きな影響・活力を与えている事実も多いことにも気付いていく。筆者がこのことにとくに強く心惹かれるようになったのは、比較的新しいことで、２０２１年９月に『明治の新聞にみる北摂の歴史』（神戸新聞総合出版センター）を発表してからのことであった。

筆者研究史上の第４期の記述において具体的に述べているように、明治10年代に入る頃からは、大都市から遠く離れた地域においても大都市を訪問する人が増え、そこにおける近代的な文化の形成に学ぼうとして、新聞縦覧所とか、その他相互研修の場を設置し、なかには政治的な中心になろうとする動きも顕著になってくる。自らの陶冶のため、大都市に集中して展開する最先端の学問を求める地方の人びとは跡を絶たず、また、産業部門においても、会社経営の形の農業を追求する動きがあり、また工業への思いも強く、さまざまな技術の伝播を図る動きも見えてくる。そこには、地域に対する圧力という要素はほとんど見ることがない。日露戦後の地方改良事業の時期、ひたすら勤倹力行を求め、その風俗を解体させる都市との交流に規制をかけようとした内務省の指導に対し、和歌山市との経済的交流の活発化を求めて道路の改修に心を砕いた西和佐村長の行動にも注目すべきなのである。

そう言えば、これらのことは明治の紀北地域の動きを研究しているときにも顕著な動きとして注目していたことがあった。談話会とか春陽社組織の広がりなど、あるいは慶應義塾への入学者の増加など、近代社会における前向きな情報の交流は、さまざまなレベルにおいて急拡大していたのであり、それは今日にもつながっているのではないかと思う。とりわけ、阪神・淡路大震災以後急拡大した救援活動の存在は、その流れの強固さを示していると思われる。地域に対する圧力の強まりと、地域の側からするところの、こうした交流がいかなる関係を構築していくのか、十分な注意を持って見ていかねばならないだろう。

4、歴史を知るということ、補足いろいろ

変化の発見は歴史認識の第一歩

ここからは、歴史を知るということについて、気付いたことを思いつくままに述べていく。ただし、最初に確認しておくが、ここで歴史を知ると記していることの意味は、研究して、まだ誰も知らなかった歴史の知識を得るという意味であり、何かから学んで、すでに判明している歴史知識を得るという意味ではない。

そもそも、人は長い歴史の存在をどのようにして認識していったのか。

地域の歴史に関する1次資料を注意深く読み通していくと、過去の時代において地域を生きてきた人びとの問題意識あるいは課題意識にそれまでとは違った様相、すなわち変化が生じている箇所が出現することに気が付くことがある。ちなみに、1次資料とは、その成立要件から言えば、当事者が何かの状況に対応する必要から作成したり、受け取ったりする文書や記録などから成り立つものであって、本来の目的をはたしたあとも、その文書や記録をとりまいていた歴史を語っているという点で、作成時の目的とは別の新たな歴史的価値がそこに認識されるものである。

さて、その1次資料を見ていけば、ということであるが、同じ地域においても、たとえば公害問題に

関わって言えば、１８９０年代から１９００年前後の時期には、鉱山開掘なら鉱山開掘に関わってその影響を受ける地元側の農民たちは、多くの場合余裕を持ってその不可なることを公益論の立場に立って主張するだけであった。ところが、１９２０年代から１９３０年代になると、住民側は、巨大な工場立地の動きを前に、それに関する工事や工場操業に関係して発生するさまざまな住民無視のやり方を、一つひとつ具体的に取り上げて批判するように変わっていく。公益を侵されたという主張が具体化し、そうした工事の実例を通して、住民側の権利が奪われていることに対して批判することも増えていくのである。

こうした変化については、そうした事件をとりまく歴史的背景の変化がそこに反映していることを考えなければならない。実際、国や地方自治体の鉱山開発や工場設置に対する姿勢の変化は明らかであった。当初は、多くの場合、操業する企業を監視することが多かった行政であったが、１９２０年代になると、国は全体として企業の側に肩入れするようになり、住民の被害の声を聞くよりは、産業優先を唱える個別企業の行動を支えようとしていることがさまざまな史・資料において明瞭となるのである。この変化の事実を明確に押さえること、その詳細を確認し、変化を促した大きな背景、歴史全体の流れを研究し、検討することが歴史認識の第一歩になることを、まずは知っていかねばならない。ちなみに、この調査をしないで、高度経済成長期以前にはこのような被害が出るとは想像もできなかったと言っていたのが、高度成長期における有力企業や国であった。

では、どんな変化をもって歴史的な変化と言うことができるのだろうか。変化の時期・規模や質を理解するためにはどう考えていけばいいのか。次は、部分的な変化と全構造的な変化との関係から考察してみることとしよう。

個別と全体認識の問題

筆者は研究を始めた当初、個別に研究を進めるならば、やがて一回り大きな歴史認識に到達できると、比較的安易に考えていたようである。しかし、全体と個別は実に複雑な関係を形づくっているものである。相互の関係はどのように存在し、展開しているのか。ここでも、筆者自身の体験から大きな歴史的事実を見つけ出していった過程を語ってみたい。

筆者は、ずっと昔、奈良県立図書館に収蔵されていた県の古い公文書を見ることがあった。その中には1890年（明治23）代になってからのことであるが、監督官庁が取り扱った鉱山の試掘とか開掘に関する一件書類がまとまって残されていたのである。読んでみると、行政は地元の主張を受け「公害あり」としてあっさりその不許可を指示していることがほとんどであった。行政は鉱山の試掘とか開掘に際して地元の都合を聞き、地元の意見を優先していることが示されていたのである。しかし、これをもって当時の鉱山行政をすべて代表しているのかとなると、ここに立ちはだかってくるのが、同じ頃他を圧倒する巨大な鉱山となっていた栃木県足尾銅山の事例である。足尾銅山に対しては地元（それも多数）の強い批判や反対があったにも関わらず、行政当局は被害者から発せられる操業停止の声を否定し続けていたのである。

このように官庁の別によって違った事例が出ているとき、一方の事例だけを検討してその時代の特性を論じるわけにはいかないだろう。もちろん、その反対に足尾銅山の事例だけを検討し、事件の重大性を根拠として、この時期の鉱山行政全般のありようを示すとすることも許されない。まして、それのみをもって地域の産業開発行政全般の基本姿勢であると断定するわけにもいかないだろう。

では、どうすれば、このように相反する諸現象の底に隠れた時代の大きな動きを見つけ出せるのか。もちろん、史・資料というものは研究者個人の希望や歴史理論に基づいて主観的に取捨するものではない。柔軟な態度で、それら相互に矛盾した言動の現れる背景について、どうすれば両意見が並んで存在できたのか、また、矛盾のない解釈が可能となったのか、よく考察しなければならない。要するに、広く資料を調査し、すべてが相互に矛盾しない形で説明できる大きな論点について仮説を立ててみるべきだということに気が付いたのである。筆者は、この問題については、1で語っているように、明治末期から大正初期にかけての和歌山県禰宜鉱山鉱毒事件に関する行政裁判の資料を読むなかから解決に導く鍵を見出した。それは、鉱山開掘が一般的に重要だとする鉱山監督署の本心と、禰宜銅山に関しては地元水利組合の力を考慮せざるを得ず、しかも自らの開掘禁止の行政処分を守りたいという思いにも挟まれて、中途半端な対応に終始したという大阪鉱山監督署の対応における一貫性のなさであった。

史・資料を読んでいくと、時に旧来の理論やそれに基づく想定を超えた、すなわち想定外の言動に遭遇することがある。たとえば、工業地帯に変貌していく地域に立地した工場の煙害を告発する住民の訴えを重ねて聞くことの多かった取締当局者が、都市計画のなかで工業専用地域の設置希望を新聞に語ることもある。このとき、われわれは、工業地域化の変えがたい趨勢と、被害者の強い声に挟まれて苦慮する行政の存在に気付くのではなかろうか。実は、そうした意見は、1910年代初めの頃に新聞も提言していたことが分かっている。それは、工業化の方向性をめぐって行政が依拠すべき価値観のありようにに悩み、それを乗り越えるべき革新的な論点を探し出そうとしていたという史実を浮かび上がらせてくれるのである。言いかえれば、ここには工場監督のあり方、その基本的視点のあり方における大きな変革に迫られているという歴史的状況が見えていたのである。これこそ歴史的な大きな流れの発見と言っていい。研究者は、このような言動の出現に注意し、それらをつなぎ、そこに最も核心的な事物の脈絡が存在していることを見抜いたならば、検討を重ね、そうした変化を生み出した時代の特徴を見出していくべきなのである。

もちろん、これは仮説であるときもある。そのときには、それを証する他の1次資料を探し出すことが必須条件となる。すなわち動かしがたく、かつ、その仮説の正しさを具体的に示す、いわば決め手となる資料の発見である。それを可能とする1次資料を見出すところにおいてこそ、研究者の粘り強さと感性の鋭さが示されていると言ってもいい。まだ知られざる歴史の大きな変化とそれを生み出した大きな存在を予測する資料を見つけ出したとき、研究者はどんなにうれしく、心躍ることか。

大阪の存在感

では、大きな歴史の変化をもたらすものとは何なのか。その力はどのようにして形成されるのか。こここにおいて近現代の社会の変化を生み出した力についての精密な検討が求められてくる。近代社会を突き動かしていたのはいかなる存在であり、思想だったのか。西欧諸国から遅れて近代化への道に乗り出したという国際的な条件のもと、日本では国を始め各レベルの行政が産業化への道を広げようとしたのであり、そのためのあらゆる条件をつくり上げてきた。思想的には近代合理主義の支配が広がっていったことも重要であろう。とりわけ戦争は、日本の近代化に向けて大きな位置を与えられることとなった。また、各地で人びとを古い共同体のくびきから切り離す力も強められてきたことも見ておきたい。巨大な都市をつくり上げて、近代化のイメージを見えるものにする努力も行なわれてきた。近現代の歴史を動かすこうした流れは、どのように各地域の歴史を変えていったのか。

と、ここまで書いてきて、筆者はふと大阪という大都市の持つ歴史的意味について考察してみたくなった。すなわち、近代になってからの大阪は、その産業面において、文化面において、その他多くの面においてつねに周辺地域に大きな影響を与え、それらの地域に変動をもたらしてきた側に立っていたという事実である。

ちょっと振り返ってみるだけでも、都市大阪としての変動は、まず明治前半期、自らの内部における変革としての都市の近代文明化があり、明治半ば以降は周辺地域に自らが膨張し始め、周辺町村との接続地域のありようを大きく変えていった。さらに、地域的にはそうした接続地域のみならず、遠く離れた地域、時にはもっと遠く離れた他府県や外国にも変動をもたらしていったという事実に注目するのである。

大阪という巨大な都市に関して、そうした事例につねに遭遇するなかで、筆者はつねにこの大都市の巨大な影響力の存在が気になっていたのである。大阪は、東京と並びやはり特別な存在の都市であったことを考えざるを得ない。大阪という都市は、どのようにしてそうした力を得、どのようにその力を行使していったのか。筆者の研究履歴は大阪から始まり、結局大阪に戻ってくるものであったことの意味を改めて考えなければならないと思うのである。

国家の責任を問うこと

さて、思うことはもうひとつある。ひとつ追加的に指摘しておきたいことは、日本の近代化が推進されるなか、一人ひとりの身に降りかかった災厄に対する国家の責任の問題に対する検討をしっかり行なうべきであるという点である。

近現代日本史に対する研究を重ねてきて感じるのは、国家の栄誉に関する記述は充実していることに比べ、国家の責任あるいは反省に対する論及は実に中途半端なままに投げ出されていることである。これは、幕末・明治以来の戦争についてもそうであったが、長期的には失敗に終わったと言わざるを得ないところの満州事変以降の戦争についてはさらに顕著であり、軍制についても同じであった。

もちろん、これは戦争や軍制だけに止まる問題ではない。不健康な環境のもとでの工場労働は言うまでもなく、都市化とともに広がる都市的な災害や事故もそうである。また、地方の破壊についてもどうなのか、公害についても、どうなのか。国家がやったことに対する検討も含め、そこが曖昧なままに放置されていること、もっと言えば、責任の追及から逃れようとする姿勢が、日本の近現代史を覆っており、それが近現代の歴史を分かりにくくしている大きな要因でないかと考えるようになったのである。日本の近代化において国家がいかに大きな存在であったかを考えれば、その責任もまたはっきりさせなければならない。

もちろん、国家の責任というのは、具体的に検討されなければならない。公害問題についてはまさにそうである。国家が、公害企業の行動を支え、住民の健康や生活、共同体の破壊を促したことは枚挙にいとまがない。また、地域文化の崩壊にも大きく手を貸した。この事実を見ないで、近代日本の公害を理解することは不可能であろう。

また、大阪に今も残る旧真田山陸軍墓地に立ち並ぶ５１００基に近い個人墓碑を考えてみよう。それは、政府直属軍を持ち、それを強化していこうとした明治初年以来の国家の意思があって初めて出現したことを忘れてはならない。軍の担当者は、すぐにその軍制確立の政策が、集められた兵卒らの死と結びつく状況を生み出していることに気が付いたはずである。続いて頻発した伝染病による死、脚気といった病気による死、兵営生活のストレスから生じた事故や自殺といった不慮の死、そして、何よりも戦争を起こしたときの大量の死に直面したのである。

だが、国は、これらが生じた背景や問題点についての検証、遺族等に対する補償、続く時期における対策など、どのように実施していったのか。戦争になれば人が死ぬのは当然といった認識にもたれかかり、ないがしろにしていたのではなかろうか。軍は軍に関わって死去した人物について、あるいは、個人墓碑を建て、やがて当初の単なる埋葬からその人物を顕彰するためにさまざまなことをし始めていく。しかし、そこでは、国民一人ひとりの人格を尊重し、ないがしろにしない姿勢を持っていたのかどうか、明瞭に示されることはなかった。これが明瞭にならず、軍や国の責任が曖昧にされたまま、「名誉の死」という概念だけが一人歩きすることとなったのである。

国が過去に行なった、こうした政策・行為を理解するためには、国家の責任に対する具体的で、自覚的な検討があって初めて生きたものとなってくるだろう。国の責任を自覚することは近代史を理解する根本なのである。

歴史の当事者と自己認識

最後にもうひとつ。筆者においては、歴史の認識を、当該問題を経験したり、関係したりする人びとともにしたいという願望を古くから持っていた、またそれが強かったことに気が付く。今は、これをさまざまな場所において実践し、またその方法をめぐって試行錯誤を重ねている時期かとも考えている。

ところで、この実践は、自分が本当に当事者となったとき、実に難しい課題であることをつくづく感じたものでもある。

振り返ってみれば、筆者はまず全体としての歴史認識については、自らを前進させたと評価している。だから、本書の記述全体もまずは肯定的で、明るい基調で一貫することができた。また、そうした歴史を語るときには、記述にも余裕を持っていたと思う。しかし、個々に見ていくと、そうとばかりは言えない時期もいくつかはあったことを述べておかねばならない。そうしたなか、今もって残念に思うのは、1990年代半ばに力を注いだ司法資料保存運動、そして2010年代前半期におけるピースおおさかリニューアル事業である。このふたつとも当初の期待通りにはいかないまま終了せざるを得なかったことを指摘しておきたいのである。

これらふたつの出来事をどう全体および自己の活動に位置付ければいいのか、前者は活動の終了時期において一定の成果を上げることが見えており、また一緒に活動していた仲間が阪神・淡路大震災後始まった震災被災資料の救出保存運動に取り組み、成果を上げたという事情もあったので、幾分かは気持ちも慰められるところがあった。しかし、後者については、筆者はまさに渦中に置かれ、日々の行動判断を問われる場面も多かった。そうしたなかで、まともな展示になるよう努力は重ねたと言っても、全体としては意のあるところを展示に生かせず、内心忸怩たる思いに駆られるところも少なくはなかった。また、改めて思い出そうとしても、出来事の前後関係が曖昧になっているものも多く、今回本書をまとめるに当たっては、当時の文書や記録類を見直し、努めて事態を客観視しようとしたのであるが、それでもよく分からないままのことも多く残ったことを告白しておきたい。人は自己のことを位置付けることにおいては、それが深刻であればあるほど、主観主義から抜け出しがたくなっていることを改めて確認するのである。

ところで、人間の自己認識がそうしたものであるとすれば、渦中にいなかったが故に、それを客観視することのできる歴史家の役割はかえって大きなものであると言えるのではなかろうか。歴史の大きな流れを深いところで理解し、個々の問題を通してそこに関係した人間の悩みや喜びを理解でき、変化する地域の姿を見る力を有する近現代史歴史学の担い手が増えること、そして、彼らによる真剣な研究が期待される所以である。

日本社会の「変革」と歴史学の課題

日本の歴史を近現代に限らず見ていったとき、変革期があったことは間違いないだろう。本書の記述においても１９７０年前後の時期に環境の価値をめぐって経済から環境優先へという国民思想の大変革があったこと、それは政治的行政的な体制にまでなっていることを述べている。だが、それら変革を生み出した主導力は、ほとんどの場合、変革前に強力な力を持つに至った何らかの政治的・社会的勢力であったことを見ておかねばならない。

20世紀においてはいわゆる革命的情勢というものの到来について真面目に議論された時期もあったが、ついに今日に至るまでそれは現実になっていない。日本近現代史においては、前衛政党というものの指導のもと、抑圧された社会勢力が革命をめざして起ち上がるといった流れが生じるとして、そうした条件が戦前期にどう成熟していったか、真剣な議論の対象になったこともある。また、そうした社会勢力とはいったいいかなるものであるかについて、理解するために明治維新によって生み出された地主制について、その強さや社会的な位置をめぐる論争が激しく展開され続けたことも周知のことであろう。

ただ、筆者が思うに、これらの議論は、変革期が来るものとして、それを前提として行なわれたもので、現実の動きを踏まえたものではなかったのではなかろうかということである。すなわち、本書で筆者が強調した問題意識の強さが現実の把握を歪ませる事例に当てはまるのではなかったかということである。「変革」の概念を固定的にとらえるあまり、実際に生じた変革を見落とすこともあったのではなかろうか。

そもそも、近現代の歴史のなかで変革が大衆の意識のなかに上ったのは、いつだったのだろうか。戦後改革期・日米安保条約改定期は、そうだったと結論付けていいのだろうか。第1、変革といった場合、どんな勢力によって、どんな社会への変革であろうとするのであったか。

筆者は、長い歴史研究を通して、変革というものについて、もう少し地に足を着けた議論に変えるべきであると考える。大衆の願っているものが何であるのか、どこまできちんと検討されているのか。研究の現状は課題が山積みであるのではなかろうか。

筆者は、社会の変革がさまざまな方面から生じるものであること、また、それがいずれのものであったとしてもその意義が巨大なものであることを否定するものではない。しかし、それを、しかも一定の理念にもとづいたそれを希望するところから、すべてをそれに従属させて考えるべきではないと考える。

少なくとも、21世紀に入ってからの現実は、平和と民主主義の危機、人権の危うい状況に満ちている。こうしたなかでは、たとえば、多くの国民が人権をめぐって過去どんな闘いをしてきたのか、その動きはどう盛り上がったのか。そうした実際の動きを解明し、そこから教訓を出すことであると思う。筆者が求めることは、本書の「刊行にあたって」で記したように、人類的な課題であるところの平和と民主主義そして人権の世を支える知の確立以外にない。歴史家、とりわけ近現代の歴史を解明しようとする歴史家は、それがどのように歴史のなかにおいて形成されてきたか、史実に基づいて指摘していくことであろうと思う。

3

講演記録　公害・環境問題の歴史と地方史研究

（2005年4月16日　地方史研究協議会第46回日本史関係卒業論文発表会特別講座原稿）

（前置き）

本日は、第46回日本史関係卒業論文発表会にお招きいただき、特別講座として表題のような講演をお許しいただけること、たいへん光栄に思っております。

今日、研究成果をご発表の皆様は、大学において歴史学を専攻され、その知識を基礎に、自ら本格的な歴史学の世界に切り込んでこられた方ばかりだと拝察しております。また、そのほかの聴衆の皆様も、それを体験されたか、あるいは、これからその世界に打って出ようという方かと、これまた拝察しております。まさしく学問としての歴史学の門を開けたか、開けようとしている方ばかりか、ということでございます。

こういう方々でございますから、今日は少し積極的な問題提起を行ない、こうした研究課題もあるのかな、ということをご理解していただけたらいいな、と考えました。

歴史の研究課題というのは、本当に無数にあります。しかも、歴史認識の基本を変えるような重要な問題が無数にあるのです。それをどうやって見つけ出すか。またどうやって研究を進めていくか。なかなか難しいことだというのは、皆さん、ご体験もあって先刻ご承知のことと拝察しています。今日の話は、その一例として参考になればと願っているものであります。

1　公害・環境問題とは何か

公害問題の爆発と歴史究明への期待

公害や環境問題というのは近現代の歴史において非常に大きな衝撃を与えてきた問題であります。とりわけ、１９７０年前後の頃はマスコミでも連日大きく取り上げられ、爆発的な一大社会問題となりました。70年11月には公害国会が開かれ、公害対策基本法における経済との調和条項の削除が行なわれ、その他公害に関わる14法案がすべて可決されました。また、71年9月新潟水俣病で原告患者らの全面勝訴の判決があり、続いて72年7月には四日市公害での地裁判決、72年8月には富山県イタイイタイ病控訴審判決、73年3月熊本水俣病での地裁判決と、いわゆる四大公害裁判の判決が続きました。72年6月ストックホルムで国連人間環境会議が開かれたことも重要かと思います。ちなみに、今世界遺産というのが注目されていますが、この国際条例もこのときの会議で、失われる危険にさらされている歴史や文化・自然遺産を世界の国々の協力によって守ろうということから締結されたものです。なにも歴史的文化遺産や自然環境の世界的なランク付けをしようという趣旨のものではないことに注意しておいてください。

さて、この１９７０年代初めの頃公害問題に取り組んだ多くの人びとの間で、その歴史的な推移や背景について知ることの必要性が強く叫ばれておりました。もちろん、この頃になって突然公害問題が生じたのではなく、ここに至って爆発的に問題が出現した歴史的な経過やその背景を知り、その根本的な問題の本質を理解したいという当然の欲求でありました。彼らは自分たちでまず研究を始めていますが、基本的には歴史家に対する要請であったと解してもよかったと思います。

指導教員から研究の勧め

では、歴史家はこの要請に対してどう応えたのでしょうか。ここでちょっと私の個人的な体験をお話しすることを許していただきたいと思います。私は、1971年4月関西大学の大学院に入学しました。大阪万博の明くる年、ちょうど公害問題が一大社会問題として爆発的な様相を呈していたときです。私は、関西大学の、当時は助教授であったと思いますが、日本近代史の研究者でありながら、自らも中津リバーサイドコーポの住民として高速道路反対運動の中心的な活動を展開しておられた小山仁示先生から、歴史家として公害問題の歴史を解明する必要性を説かれました。「公害問題は日本資本主義の根本問題であり、欧米よりも遅れてその道に入った日本において今世界中で最も激烈な公害を生じさせていることは、まさに日本資本主義の特質を示していることではないか」、というわけです。そして、またこのことは日本の近代史を研究している人ならば誰でも気が付くことだから、これで業績をあげようと思うのなら、人よりちょっとでも早く取り組むべきであるとも言われました。

私は、根がおもしろがり屋でありましたから、この勧めをもっともだと受け止めました。そしてどこから手をつけようかとも考えました。当時、歴史的な過去における公害問題としては足尾鉱毒問題が、そしてその中心人物として田中正造が知られておりました。しかし、関西に住んでいて、お金も持っていなかった一介の大学院生としての自分が関東で生じたこの問題に力を注ぐことは、どこから見ても相当な困難を予測させるものでした。それよりも大阪に住んでおりますと、当時はまだ「煙の都」という言葉も生きているぐらい大阪の大気や水質汚染はひどかったわけですから、まず、私はこちらの状況から調べてみようと思い至ったわけです。小山先生もそれを勧めてくれました。

歴史家が知らなかった歴史資料

さて、調べてみようと思うと、難しい理論的な記述に溢れた立派な歴史の本には何の参考記述もありません。それで、私は、当時同級生であった三溝義一君と一緒に『大阪朝日新聞』や『大阪毎日新聞』などの新聞記事を探し、いろいろな図書館の書庫にもぐって手当たり次第に過去の雑誌を繰っていきました。このとき雑誌というのは世の中の職業が無数にあるのと同じように、実にいろいろあるのだということも知りました。難しい科学技術の雑誌にもたくさん目を通したことを覚えています。

そうすると、いくらでも関係記事が出てくるではありませんか。驚きましたね。これだけのことをどうして歴史家は今まで取り上げてこなかったのだろうかと疑問にも思いましたが、それ以上に新しい事実の出現の連続に興奮していたことを覚えています。初めは大阪の事例を追いかけていたのですが、一緒に全国の事例も次々と見つかってくるのです。手がかりが得られるとまた根本史料にもさかのぼっていくことができます。公害問題というのは、間違いなく長い歴史を持ち、資本主義の形成されたところならどこにでも何らかの問題を生じさせ、またそれ自身発展してきたものだということに確信を持つに至りました。

ところで、このような話を当時私はいろいろな所でよくしました。しかし、その反応はあまり芳しいものではありませんでした。「公害問題は現在の問題ではないのか。歴史の研究課題になるのか」というのが多くの人の意見でした。ここには公害問題が当時、本当に深刻な社会問題として論じられていましたから、それはまだ歴史を持っていないという表層的理解もあったのではないかと思っています。また、これは今もまだある問題意識かと思いますが、歴史学は社会の発展方向を解明し、その条件の歴史的形成を解明すべきだとして、いわゆるそれに関する既成の理論を大事にし、その理論的枠組みのなかで現実を評価し位置付けようとする研究方法にも影響されていたのではないかと考えています。つまり、現実から出発するのでなく、与えられた理論とその解釈を重視し、それに対応する史料を探して議論するという方法です。私は当時、このような反応にずいぶん悩まされましたし、さびしい思いもしたことを覚えています。実際、公害問題を歴史学の課題として研究した業績は当時数えるほどしか現れませんでした。

公害問題の本質

では、公害問題とはどんな問題だったのでしょうか。よく工場などから出る排気ガスや汚水が大気や河川・湖沼・海などを汚染し、人間の健康を害する。また、それに依拠する生産を阻害し、動植物の生育に害をもたらしていることという認識が行なわれていますが、どうもそれだけに止まっていては不十分ではないかと考えています。

つまり、こうした個々の現象の背後に、生産とそれを通じた国力の増大を社会的価値の第一のものとし、環境の破壊と、人の暮らしや健康、動植物の生育に与える悪影響を容認したり、放置したりする思想、そしてこうした対応が法的・制度的にも違法ではなく、認められている社会のあり方が問題となっているというところに注目すべきではないかと思うのです。

もう少し述べてみましょう。まず、こうした社会的な意味での公害問題というのを考えてみますと、それは、決して一朝一夕の間に生じてきた問題ではなかったことに気が付いてまいります。資料としてお配りした年表と「帝国議会での公害議事一覧」をご覧ください（ここでは省略）。つまり、日本におけるこうした汚染を容認する思想と制度や体制は、長い時間的経過のなかで、それを批判し、告発するさまざまな動向と対決するなかで培われ、強化されてきたものだったのです。言いかえますと、明治・大正・昭和という年号の経過するなかで、それは何度も後退を余儀なくされながらも、何度も息を吹き返し、その都度強固な力を持って社会を支配するようになってきたのです。

ですから、これは本当に強固な思想であり、社会的な体制であったと言っていいでしょう。１９７０年前後に爆発的に広がった公害問題の認識は、環境を守り、快適な暮らしを実現するために、産業優先、環境破壊放任の、こうした思想や社会的体制を問いただす出来事であった点を見ておかねばなりません。

一方、被害を受ける人びとも、またそれを厳しく問い詰めてきたことを見落としてはなりません。実際、歴史的に見ると、被害を受ける人びとは、足尾銅山鉱毒事件のような、権力と深く結びついた強大な鉱業主を相手にしたという、特別な事例を除けば、初めから社会的弱者ばかりではなく、むしろ、加害者よりも強大な力を持っていることが普通でした。そして、彼らの追及によって行政が汚染を繰り返す生産活動に制約を与えた事例は思っている以上に多くあったのです。

しかし、資本主義の発展とともに、その力関係は急速に変化していきます。それは産業分野や地域によって現れる時期が前後してきますが、基本的には揺るぎない方向でした。そうしたなかで、やがて、資本を持ち、生産を支配する側がより強い力を持ち、被害を受ける人びとは社会的に孤立し、沈黙を強要されます。彼らの苦難が本格的に始まるのです。

しかし、公害を問題とする人びとの声は、このような苦難のなかから再び立ち上がってきます。それは、まさに環境をめぐる基本的人権の確認を要求する行動であったと言っていいでしょう。1970年前後に爆発的に広がった公害問題認識とは、もう一度言いますが、環境を守り、快適な暮らしを実現するために、産業優先・環境破壊放任の思想のあり方を問いただす声が社会的に広がってくるなかで歴史的に形成されてきたところにその本質があったのです。まさに、公害問題とはそれ自身歴史を持ち、歴史的に解明されなければならない研究課題であったと言うべきでしょう。

公害問題と公益思想

ところで、公害問題とはなぜ「公害」問題と言うのでしょうか。ちょっとスコラ的な問題のようでもありますが、実はたいへん重要な社会的意識の歴史的ありようがここに示されているのではないかと考えています。

今まで公害問題の本質について述べてきたところですが、史料を読んでいきますと、環境破壊問題が当初「公益を害する」問題として被害者側から提起されてきたことに気が付きます。すなわち、鉱毒や排煙によって地域の生産や暮らしが困難になること、これを指して「公益」を害する、すなわち、約めて「公害」と言っていたことがよく示されているのです。また、政府も始めはこの主張をよく認めていました。ところが、生産の規模が大きくなってきますと、政府は、その産業や企業の発展を指して「公益」を図るものという評価を与えていくことも普通に見られるようになるのです。ここに、ふたつの相反する「公益」が論じられ、相互にその正当性を主張するという現象が生じてくるわけでありますが、結局、国の主張する「公益」の方が強力な力を持つようになってくるのです。被害者は、国の言う「公益」の前に沈黙を強いられるようになります。

行動を正当化する概念としての「公」

ところで、近代の日本は、この「公益」とか「公」というキーワードによって多くの、と言うよりほとんどの行動が合理化され、合法化されてきたのではないでしょうか。その最たるものが戦争でありました。国民は、「公」のために一身さえ犠牲にすべしという思想に押さえ込まれてきたのが近代の特徴ではなかったかと思います。これは、今もなお続いているとも思っています。

ところが、公害問題の歴史を見ていて気が付くのは、結構地域住民も「公」を主張しているという事実なのです。これはおもしろい事実ではないでしょうか。これが、国などの言う「公」とどのように闘うことができたのか。大いに注目すべきことかと思っています。

しかし、戦前から戦後高度経済成長期までの日本では、結局地域住民の主張は押しつぶされていき、国家やそれに従う力の強いものが「公」や「公益」を手中にしていったことも事実です。言いかえれば、「公」や「公益」を牛耳るのは基本的に国やそれに従う力のある者に限定されてきたのです。

このようななかで、公害問題に関して生じた1970年前後の意識転換が起きたわけであります。これは、長年にわたって国やそれに従属する者によって牛耳られてきた「公益」主張の主体の転換をもたらしたと見ることができるのではないでしょうか。このあたりにも、公害問題の歴史を解明するもうひとつの大きな意義があるのではないかと考えているものであります。

地球環境問題時代における公害経験の研究

1970年前後の公害反対住民運動や世論の一大高揚は、戦後徐々に形成されてきた人権意識に支えられ、ついに何ものにも代えがたい環境の重要性を国民的合意に高め、それを軽視する議論を一気に打ちのめしました。それはまさしく一大変革であり、歴史的な大転換であったと言うべきでしょう。歴史学が変革を重視するというのであれば、平和な条件の下で実現したこの変革に注目しなければならないと思います。

この時期を境に、環境重視は国民的合意となり、もはや覆すことのできない基本的な建前となったと言っていいでしょう。もちろん、その後公害健康被害補償法、いわゆる公健法による公害地域指定の取り消しとか、窒素酸化物濃度の環境基準緩和など、産業界の圧力に押された環境行政の後退は、顕著です。また、今もってCO２排出量の削減に不熱心な業界の存在とか、無責任な土地開発や廃棄物の不法投棄が行なわれるなど、問題行動はなくなっておりません。しかし、大事なことは、今やそうした行為は出るところに出れば基本的に合理化され得ないものだという社会認識と体制が成立していることであります。

現在、公害問題は、１９７０年前後の頃まで中心的な現象形態であった生産事業所からの廃液や排ガス等による周辺地域（と言っても広いのですが）の汚染という形よりも、その後急速に進んだモータリーゼーションのなかで深刻化している自動車排気ガス問題のように、さらに広域化し、また、消費者自身も環境汚染の関与者となる可能性がより広がってきたところに大きな特徴を持つようになってきました。また、それは日本だけ、あるいはそのうちの特定の地域だけといったような地域的限定性をなくし、全地球的規模でその問題への対処が求められる、グローバルな問題へと広がってきています。まさしく、今や公害問題は地球環境問題の時代に突入しているのです。

こうした状況を生み出した新しい時代の成立と歴史のなかにおけるその位置を理解するためにも、過去に経験した公害問題を理解していくこと、つまり、生産力優先の思想支配の形成とその実態、その下で置かれていた被害者の状況、またそのような状況のなかで人びとはどのようにして問題点を指摘し、その体制を打破してきたかを知ることは、いっそうその重要性を増大させてきているのではないでしょうか。もちろん、現在の地球環境問題を、過去の公害問題と切り離さず、深いつながりのなかで理解していくことはとても大事なことです。

消え去ろうとする公害問題の記憶

しかし、今そのような経験は、急速に人びとの記憶から消え去ろうとしていることも事実です。公害経験についての教育も十分に行なわれているとは言えません。人びとの記憶も、関係する記録や文書、あるいはモノも急速な勢いで消え去ろうとしています。と言うよりも、時によったら意識的に消滅させられようとしているのかもしれません。そのようなひが目で見るのも、たとえば4大公害裁判の行なわれた地域のひとつである四日市市ではいまだに公害資料館の建設も、市民の声をよそに当局によって検討されようとしていないことがあるからです。もちろん、四日市公害を抜きにした近代四日市の歴史認識もあり得ないし、近代の日本史もあり得ないでしょう。公害経験の研究は、歴史学にとっても大きな課題となっているのです。

2、地域社会の歴史的変遷と公害・環境問題

近代における地域社会の形成

それでは、ここから以降、近代地域史ないし地方史の研究と公害・環境問題との関係について検討していこうと思います。近代地域史ないし地方史にとって公害・環境問題はどんな意味を持っていたのか、また、その研究においてはどのような点に注目しておくべきなのかということです。

そもそも、日本においては多くの人びとは地域に暮らし、地域の歴史をつくり、地域を通して日本全体や世界の歴史に関与してきました。一方、日本や世界のありようは地域社会のなかにその姿を投影するものでもありました。地域とは歴史を底辺で支える存在でもあり、また全体の歴史によって大きく変化を受ける存在でもあったと言っていいでしょう。

近代における地域社会は、近世の伝統を引き継ぎながら、近代の新しい要素によって変革を遂げてきました。もちろん、ここで言う近代の新しい要素とは、全体の動きによって歴史のなかに準備されてきたものです。それは、古い近世的な伝統と対立し、衝突しながら徐々に、あるいは急速に地域社会のありようを変えていきました。

こうしたなか、日本の近代は、一面では全国画一的な、その意味では地域性、あるいは地域的特性と

いうものを破壊してきたようにも見えるところが出てきました。とりわけ、中央集権国家の成立・強化と資本主義の発展、生産の社会化の進展などによってこの傾向は強められたと言っていいでしょう。教育における全国画一的な指導、地方行政制度の画一的組織化、鉄道・道路など交通手段の全国的発達、新聞・雑誌、あるいはラジオやテレビなどマスコミュニケーションの普及など、全国どこへ行っても同じようなやり方、景観が展開するようになっています。進んだ地域と遅れた地域という概念も、こうしたなかで、その進展度数を基準に語られることが多くなってきたようです。もちろん、そのモデルはさまざまな点でいつも一番の地位を占める東京に求められてきました。

地域特性は消えていくのか

もし、近代における地域の歴史的変化がこのような画一化という側面ばかりだとしたら、そこでは近代地域史とか地方史とかいう研究課題は、その消滅の歴史を記述することが中心課題となるわけで、もちろん、これでは、地域に愛着を持つ者にとって、楽しい研究でなくなることは言うまでもありません。

しかし、地域の歴史をちょっとでも具体的に見ていきますと、近代における地域の特性は決して消滅の方向ばかりでなく、逆に他と違う地域的特性を、新たにさまざま生み出している側面も強いことが分かってまいります。

とくに自然的・社会的条件を地域の生産に結びつけるとき、そこに地域的特性が生まれてくるようです。たとえば、急峻な山岳と多雨という地理的条件が、大正期以降の産業のエネルギー源としての発電および送電技術の開発および需要と結びついたとき、中部山岳地帯の景観を大きく変え、日本の他の地域には見られない、その地域の大きな特性となりました。筑豊の炭田地帯もそうですし、京浜・阪神・中京・北九州の工業地帯もそうであります。近代において日本の各地域は大きな地域的特性を発揮しながらその姿を変えてきた側面を見ていくこともできるのであります。

近代の地域形成と公害・環境問題

さて、このように近代においても地域的特性、あるいは地域性というものが、全国的な画一化の進展する裏において同時に形成されるものだとすれば、近代地域史ないし地方史も大いにその研究価値があることになってまいります。また、公害問題や環境問題についても、ここのところとの関係が注目されてこなければならなくなります。たとえば足尾銅山の煙害や鉱毒を受けた地域の歴史は、他の地域の歴史とどこが共通し、どこが独自的なのか具体的に理解していかねばなりません。

もちろん、近代における地域社会の変化は、前項でも繰り返し述べましたように、その地域の空間的な地理的・社会的条件と、歴史的な伝統にも規定され、同時に全体社会の大きな動きとの相互作用のなかで形作られてくるものです。

外から持ち込まれる論理

ところで、環境汚染を引き起こした事業場というものは、多くの場合その地域の内的な発展過程のなかからというよりも、外からの論理・必要性によって持ち込まれたものであることが注目されます。足尾鉱毒事件について言っても、それを引き起こした古河鉱業の足尾銅山とその精錬所もまた、足尾地域の内的な発展過程から生み出されたものと言うよりも、全国的な鉱山開発の動きとそれに対する政府の保護に支えられ、足尾地域の外部から、古河市兵衛という資本家・経営者を中心として足尾地域に持ち込まれたものと言うべきでしょう。まして、鉱山地域から流れ出る渡良瀬川沿岸地域におけるその被害というのは、渡良瀬川沿岸地域における歴史的発展とは何の内的つながりも持っていなかったものです。

とすれば、足尾鉱毒事件のような被害は、そのレベルは別として、鉱山開発を熱心に推進した近代の日本においては、どの地域においても同じように生じる可能性を持っていたことに気が付きます。事実、近代の日本において、全国どこの府県においても鉱毒や煙害問題は生じています。有名な日立の煙害問題、別子の煙害問題、あるいは小坂の煙害問題などに限らず、本当にどこにでもいろいろあることが確認されています。

しかし、足尾であれだけの問題となったのは、その被害の激烈さもさることながら、それを問題にする人びとの力の強大さがあり、また、問題の本質を最後まで厳しく問い詰め、加害者の責任を問い続けた田中正造のような指導者の存在があって、それらと鉱業生産の巨大性、およびそれを擁護しようとする明治政府の強い意思との緊張した関係があったことを見ておかねばなりません。

足尾鉱毒問題はやはり足尾鉱毒問題なのであって、それは必ずしも全国どこでも同じように生じるものでなかったことも見ておかねばならないのです。同じように他の地域の問題のあり方についても、それぞれ独自の性格がそこに存在していることは言うまでもありません。

大都市の公害問題は？

一方、大都市の公害問題というのは、たとえば戦前大阪の煤煙問題やその他の工場公害問題について言えるように、その地域の発展過程のなかから生じてきています。

この場合には地域の歴史的な発展との内的なつながりが大事になりますが、ただ、この場合においても、一面で都市化というのは日本全国共通の傾向であったこと、およびそこに各々違った特色を持っていたことの両面を見ておかねばならないと考えています。

つまり、全国どこの都市においても公害・環境問題を引き起こす可能性を持っていたという共通する側面と、同時に大阪という大都市が、その地理的位置等から紡績業などの近代的機械制工業を日本中のどこよりも早く発展させ、それを「工都大阪」といったように都市発展のキーワードとしたという点において徹底しており、そこに他の都市にない独自の性格が生じてきたことを見ておかねばならないのではないかと考えています。

全国的な共通性と地域的特性の共存

要するに、公害・環境問題は、それが生じた地域の内的な発展過程と関係を有する場合と、関係を有していない場合とがありますが、どちらの場合にしても、全国的な共通性とともにその地域の特性もまたそこに示されていること、それを見極めていくことが大事かと思っています。公害・環境問題はどこにでも生じる可能性を持っているのと同時に、その地域において特別な様相を呈していったこと、すなわち地域性を持っていたことを見ておきたいのです。もちろん、公害・環境問題は、それが生じた地域にとって深刻な問題であり、それ自体が地域的特性となるものでしたが、同時に、それは全国どこにでも起こり得る問題として把握しておくべき課題だったと言うべきなのです。

地域社会に対する公害問題のインパクト

ところで、地域社会の外から問題が持ち込まれた場合、公害問題は、初め、地域の歴史的伝統的なありようを守ろうとする人びとと、その地域で新しい産業を起業し、経営を続けていこうとする人びととの間の対立として生じてきます。

つまり、その地域にとって問題の事業場はいかなる意味を持っているのか、いかなる条件の下にその存在を認めるのか、あるいは認めないのか、受けた被害をどう補償させるのかなど、その地域を代表する人びとと事業場の経営者等との間で交渉が進んでいくのです。要するに地域における既存の秩序を守ろうとする人びとが問題の最前線に立っているのです。

さて、話はそれだけで終わる場合もありましたが、やがて、地域の側でそれとの対応のあり方をめぐって、内部で意見の相違が現れ、対立し、気が付くと、それはその地域の歴史に根ざした階級的対立を色濃く反映するものとなることも往々にして見られるようになります。つまり、補償金や見舞金をめぐる対立、事業場の撤去や除害施設の評価をめぐる対立、問題の事業場を地域社会のなかに受け入れるかどうかをめぐる対立、そうしたさまざまな対立の展開するなかから、その地域の秩序が揺れ動くこともしばしば生じているのです。この問題もまた大事な点かと思っています。ここでは、少し、その実例を紹介してみましょう。

和歌山県におけるピクリン酸製造工場の設置許可をめぐって

次の事例は、いずれも現在は和歌山市に属していますが、和歌山県海草郡紀三井寺村と同和歌浦町の町民による由良染料株式会社のピクリン酸製造工場建設反対運動に関するものです。由良染料株式会社は１９２２年（大正11）の暮れ、海軍からの受注に応じるため、紀三井寺村三葛という地に火薬の原料であるピクリン酸製造工場を建設しようとします。地元では、初め村長や役場吏員が行動を起こし、漁業組合もまた九州帝国大学に鑑定を依頼しています。

ところが、こうしたなか、翌年の１月22日開かれた三葛区民大会、これには５００人ばかり集まったのですが、そこで村当局の弱腰が会場で叫ばれます。村長は辞職を表明し、村会議員も辞職の動きを示します。そして、この後、４月に会社が工場建設を断念するまで隣接する和歌浦町とともに村民・町民は寝食を忘れてこの反対運動に力を注ぎます。その様子は「確に佐倉騒動以上であらう」(『大阪朝日新聞』大正13年3月27日付紀伊版)と記されるに至るのです。

2月の段階では、まだ地元選出の政友会系有力県会議員や郡会議長が知事と会見するなど、いろいろな動きを示していますが、2月19日には三葛区民200人が直接県庁に押しかけ、知事に面会を要求し、警察も出動する騒ぎとなります。和歌浦町でも、運動が大衆化するとともに町当局を非難する声が上がり始めます。紀三井寺村では、ついに村当局とは別に上京委員が選ばれ7人が上京することともなります。町民・村民の直接行動が目につくようになってくるのです。新聞は「海草閥のジレンマさこそと察せられる。関係町村も最初こそ委員制度を設けて統一的に運動し、海草閥を煩はしたが、今では政治的に運動では解決が望まれぬとあって、関係町村民は女子供に至るまで一致して委員を度外視して運動を起こしている」(同上)とその実況を報じています。ここで海草閥というのは、和歌山県海草郡を地域的地盤とした政友会系の政治家、すなわち国会議員・県会議員・郡会議員・町村会議員などの総称で、県政界を牛耳っていた勢力のことです。こうした地方の支配体制・支配秩序がピクリン酸製造工場の建設問題をめぐって動揺し始めていたということです。言いかえれば、地域における「公」の担い手はどのような人びとなのか、という問題も提起されていたのです。

公害問題は、近代における地域の歴史に大きなインパクトを与える問題であったことを確認しておかねばなりません。地域史に関心を寄せる人びとは、公害問題が地域の秩序に与えた大きな影響にも注目し、その意義を深く研究すべきではないでしょうか。

公害や環境問題によって、地域そのものが崩壊した事例もあるのです。ダム建設や巨大な工場用地取得のため村の土地の多くが奪われ、生業を奪われて、途方にくれた人びとも少なからず存在していま す。ここまできますと、それは地域が存続できるか否かの一大事の問題であります。

こうした事例にも目を光らせながら、公害・環境問題の地域的展開過程の解明をはたしていきたいものと念願しています。日本全国各地域における公害・環境問題の展開過程の解明を踏まえて初めて全体としての公害・環境問題の歴史的推移も真に明確になっていくものと思います。

おわりに

では最後に、少しだけ現在の研究課題を述べて、今日の話を終わらせたいと思います。

研究の蓄積と各地の比較

アジア太平洋戦争終結後すでに60年を迎えようとしていますが、私は、この間近代地方史ないし地域史の研究はたいへん進歩したと考えております。とりわけ、昭和30年代頃以降今日においても進められている地方自治体史の編纂事業のなかで、実に多くの史実と史料が解明され、歴史のなかに位置付けられてきました。なかでも、地租改正・徴兵制度・教育制度・地方行政制度あるいは戦時統制や宗教統制など中央政府の政策意図との関係における地域の変貌についてはたいへん精緻な研究も見られます。また、地主・小作制度の問題、都市経営の問題、自由民権運動の展開、小作争議や労働争議あるいはさまざまな社会運動の研究なども興味深い解明が各地で進んでいると言っていいでしょう。

私は、こうした研究はまさに全国的に蓄積されるべきだと考えています。たとえ、不十分なものであっても、そうすることによって全体のなかで位置付けられ、評価を受けることが可能になるからです。また、大きなところでその評価がひっくり返されるとしても、蓄積があってこそ、初めてそれは生きていくものとなるのではないでしょうか。

ただ、近代地方史ないし地域史の研究において、各地の事例比較がまだ十分に行なわれていないところには大きな問題を感じています。つまり、各地の研究がそこだけに止まり、全体との比較が行なわれず、したがって、そのどこが地域の特性なのか明確にされず、また全体の歴史との関係も通り一遍に片付けられているのではないかということです。もっと言いますと、全体の歴史を語るときの格好の事例として自分の解明した地域的史実が、全体のなかでの位置付けを十分に検討されることなく、そのまま安直に使われるという状況もしばしば見られるのではないかという危惧であります。

地域における公害・環境問題の展開過程の研究も同じことが言えるのではないでしょうか。すなわち、まずはきちんとそれらの史実が全国的に蓄積される必要があると言うべきでしょう。この方面の研究は、もちろん、まだ実に不十分な状況に止まっていますから、とりわけこのことは強く確認しておきたいと考えます。しかし、やがてはその上で相互に比較を進めなければならないとも考えています。繰り返すようですが、そうした相互比較と全体のなかでの位置付け評価の大きな対象とならなければ、地域における公害・環境問題も単なる地域的史実のままに止まり、悪くすれば、安直な近代批判の素材とされるに止まってしまう可能性を持っていることを、心にとどめておきたいと思います。

近代社会を動かす力の考察

今日の発表が、こうした研究方向への第一歩となっているとすれば、本当にうれしく思います。近代社会を動かす力はどこに存在し、どのようにそれが出現し、そのなかでどのようにして地域的特性を形作る動きが出現してきたのか。全国的に共通する側面の形成を見るとともに、他の地域との違いに着目しながら、ともに解明していくべきではないでしょうか。

本日は、つたないお話を最後まで御静聴いただき、たいへんありがとうございました。公害問題史の研究に携わって30数年、今日このようなお話をさせていただく機会を与えられ、本当にうれしく思っています。この機会を与えていただいた地方史研究協議会の関係の皆様、またお話を最後まで聞いていただいた皆様に感謝の気持ちを表明したいと思います。本当にありがとうございました。

4

著述推移の概略一覧

単著・編著・共著	史料集	論文・連載	備考
			関西大学修士課程入学
		戦前大阪の煤煙問題（歴史と神戸）／幸徳秋水の思想的特質と……（千里山文学論集）	
北崎豊二編『大阪の産業と社会』	小山仁示編『戦前大阪の公害問題資料』		博士課程へ／和歌山市史編纂室嘱託（81年3月まで）
		公害問題史研究の現状と課題（日本史研究）／第一次大戦後における水質汚染問題の概況（史泉）	
		大正期大阪の公害問題と工業地域の形成（『近代大阪の歴史的展開』）／日露戦後の地方行政（ヒストリア）	関西大学非常勤講師はじまる
		日清戦争後の鉱山監督行政（近代史研究）	
横田健一編『日本史要説』	『和歌山市史』第7巻		
	『和歌山市史』第8巻	戦時体制下における重工業の地方立地と誘致政策の展開…（ヒストリア）	
		公害問題と公益思想—禰宜銅山の開掘（『大正期の権力と民衆』）	
	明治前期大阪編年史作業開始	昭和前期大阪の産業公害（史泉）／戦時体制下の阪神工業地帯（ヒストリア）	大阪市史料調査会史料調査員／和歌山市史および貴志川町史の委員
	『和歌山市史』第9巻	和歌山藩交代兵制度の成立と崩壊（和歌山地方史研究）／大阪三郷の廃止と四大組の設置日について（大阪の歴史）	
『近代日本の公害問題—史的形成過程の研究』（世界思想社）	『貴志川町史』第2巻	大阪陸軍所の創設とその展開（大阪の歴史）／工場法と公害行政の展開（『日本近代国家の法構造』）	文学博士の学位取得／粉河町史専門委員／大阪電通大非常勤講師
		〔連載〕いまも心に残る人（大阪保険医雑誌）	同大学常勤講師
		〔連載〕明治前期大阪編年史編集だより（大阪の歴史）	
	『古老に聞く貴志の里』		大阪電通大助教授
『都市公害の形成』（世界思想社）		全国紙形成下の地方新聞（『安藤精一先生退官記念論文集』）	
『貴志川町史』第1巻	『大阪西大組大年寄日記』		
『和歌山市史』第3巻（近現代通史）	『粉河町史』第4巻（近現代史料）	明治初年の高野山寺領をめぐる動きについて（和歌山市史研究）	
		消え去りつつある共同体の記憶（大阪電通大研究論集）	

著述推移の概略一覧

		単著	編著（主）含自治体史	史料集（主）含自治体史	共著（従）含自治体史	史料集（従）	監修	明治前期大阪編年史	論文（単）	論文（共）	連載	小論／論説／報告	書評／人物	序文／後記／挨拶	その
第１期	1971														
	1972								2			1			
	1973				1	1			2			1			
	1974														
	1975								3						
	1976								3						
	1977								1						
	1978			1	1										
	1979			1					1						
	1980								2			1			
第２期	1981							作業開始	3			1			
	1982			1					3			1			
	1983	1		1					2		1		1		
	1984								1		8				
	1985								1		2	1			
	1986			1		1					2	3	1		
	1987	1							1		2	4			
	1988		1	1					1						
	1989				1							1			
	1990		1	1					1						
	1991								1			2	1		

単著・編著・共著	史料集	論文・連載	備考
		高野地士の目から見た天誅組騒動（和歌山地方史研究）／〔連載開始〕歴史を旅して（大阪電通大学報）	
『日本近代史の探究』（世界思想社）		民事判決原本の永久保存の廃止と民事事件記録等の特別保存について（日本史研究）	司法資料保存運動／関西司法資料研究会を立ち上げる
		大阪地方裁判所所蔵明治前期判決原本を調査して（地方史研究）／歴史研究と司法資料（日本史研究）	
		大阪における安政の津波地震碑（ヒストリア・地方史研究）	大阪電通大教授
		歴史的景観の認識とその保存について（市政研究）／明治十年代大阪の工場公害対策（大阪の歴史）	
	「愛国社再興大会に関する新出の記録と文書」（大阪電通大研究論集）	阪神工業地帯の形成と西淀川の変貌（ヒストリア）	大阪市公文書館運営委員会専門委員
『新版日本近代史の探究』（世界思想社）		『煙の都』の写真について（近世近代の地域と権力）／大阪の歴史をどのように展示するか（ヒストリア）／和歌山藩藩政改革と捕亡手制度（和歌山県地方史研究）	
『近代和歌山の歴史的研究』（清文堂出版）		維新期高野山寺領の諸問題（大阪電通大研究論集）	地方史研究協議会大阪大会開催／同実行委員会事務局長
『維新開化と都市大阪』（清文堂出版）		20世紀と日本の公害問題（医学史研究）	旧真田山陸軍墓地とその保存を考える会代表
	「小坂鉱山鉱害調査復命書」（大阪電通大研究論集）	四日市公害裁判30周年の視点（地域政策—あすの三重）	池田市史編集委員／古座町史編集委員
『粉河町史』第1巻／藤本清二郎・山陰加春夫編著『和歌山・高野山と紀ノ川』（吉川公文書館）		旧真田山陸軍墓地と日本の近代（歴史科学）	
		市町村制施行当時の難波村（大阪市公文書館研究紀要）	NPO法人旧真田山陸軍墓地と…理事長
大国正美編『古地図で見る阪神間の地名』		近代日本における公害・環境問題の歴史と地方史研究（地方史研究）	
（共編）『陸軍墓地がかたる日本の戦争』		志賀志那人の思想的発展と愛隣信用組合（『志賀志那人 思想と実践』）／旧真田山陸軍墓地とその保存を…がＮＰＯ法人となって（戦争と平和）	エコミューズ館長／チッソ水俣病関西訴訟資料調査研究会代表／15年戦争研究会代表代行

著述推移の概略一覧

		単著	編著（主）含自治体史	史料集（主）含自治体史	共著（従）含自治体史	史料集（従）	監修	明治前期大阪編年史	論文（単）	論文（共）	連載	小論／論説／報告	書評／人物	序文／後記／挨拶	その
第２期	1992				1				1		10				
	1993	1			1				1		12	2			
	1994								2		7	5			
第３期	1995								1		9	1			
	1996								3		1	1			
	1997								2			1	1		
	1998	1							4		1	1	1		
	1999	1							2		1	3	1		
	2000											1			
	2001	1							1		1				
	2002				1	1			2			1		1	
	2003		1		1				2		1	2		1	
	2004								1			4			
	2005				1				2		1	2			
第４期	2006		1						2	1		4	1		

単著・編著・共著	史料集	論文・連載	備考
		軍医監堀内利国の墓碑から…明治前期の脚気対策（大阪の歴史）	財団法人大阪国際平和センター企画運営委員会委員長ほか
『公害・環境問題史を学ぶ人のために』（世界思想社）	『古座町史料―捕鯨編』明治前期大阪編年史作業終了	近代都市大阪の工業化と公害意識の変遷（大阪電通大研究紀要）／自治体史の編纂と戦争の記述―粉河町の事例から（戦争と平和）	
『新修池田市史』第３巻（近代）		工業地域としての福島・此花地域の形成（大阪の歴史）	
	『和歌山の部落史』史料編近現代１		納骨堂調査
『近代大阪の工業化と都市形成』（明石書店）	『写真で見る 大阪空襲』	戦争遺跡を問い直す（近代戦争遺跡の歴史性と現代性）（考古学研究）	同上
	『和歌山の部落史』史料編近現代２	地域・ふるさと、そして歴史資料（地方史研究）	同上
『真田山陸軍墓地内納骨堂納骨名簿』ほか		明治初期の地域社会と民衆運動（『講座明治維新』）	
『歴史に灯りを』（阿吽社）	『池田市史資料編』10（近代）		大阪電通大定年退職
『和歌山の部落史』通史編			ピースおおさか展示リニューアル
『旧真田山陸軍墓地見学のしおり 2』		部落及び部落民に対する行政実態（和歌山人権研究所紀要）	
		歴史学の立場から見る公害資料館の意義と課題（大原社会問題研究所雑誌）／〔連載開始〕わがまち歴史散歩（広報いけだ）	阪神北県民局の北摂里山案内人ガイドブックに協力
『川西の歴史今昔―猪名川から見た人とくらし』（神戸新聞総合出版センター）／『北摂里山黒川案内人ガイドブック』			
『旧真田山陸軍墓地、墓標との対話』（阿吽社）／『軍隊と地域』		陸軍墓地、保存の課題―なぜ？そしてどのように？（旧真田山陸軍墓地研究年報）	
		旧陸軍墓地、保存の課題―墓地の実相と戦後の歴史を振り返って考える（歴史科学）	豊中市平和啓発展示に協力
『明治の新聞にみる 北摂の歴史』（神戸新聞総合出版センター）		『新修池田市史』第３巻（近代編）編集・執筆の思い出（池田郷土研究）／〔連載開始〕西淀川公害･資料の紹介（リベラ）	
『軍隊と戦争の記憶―旧真田山陸軍墓地、保存への道』（阿吽社）／**『日本の歴史を突き詰める：おおさかの歴史』**（文学通信）			

367

(注2) 右ページは、各年に対応する書名･論題名などを記した。「単著･編著･共著」の列における太字アンダーラインは単著、太字アンダーラインなしは単編著もしくは共編著(ただし小田が主たる位置を占めたもの)。細字でアンダーラインなしは、自治体史もしくは従たる共著である。「史料集等」は細字。一部雑誌掲載のものがある。また掲載しなかったものがある。「論文･連載」欄は主な論文名と掲載誌名(ただし省略部分あり)および連載の開始を示した。

著述推移の概略一覧

		単著	編著（主）含自治体史	史料集（主）含自治体史	共著（従）含自治体史	史料集（従）	監修	明治前期大阪編年史	論文（単）	論文（共）	連載	小論／論説／報告	書評／人物	序文／後記／挨拶	その
第４期	2007				1				1			2		1	
	2008		1	1			1	1	2			2			
	2009		1						1			1			
	2010			1					1			7		1	
	2011	1	1						1			4		1	
	2012			1		1			1			3	5	2	
	2013			3			1		1			4		3	
	2014	1		1								1		2	
	2015				1				1				2		
	2016		1						2			3	1		
	2017								1		5	7	1		
	2018	1			2				1		6	1	2		
	2019		1		2				3		6	5			
	2020								2		6	4			
	2021	1			1				1		7	3	1	1	
	2022	1	1								8	4	1	3	
	累計	11	10	14	15	4	2	1	73	1	97	95	20	16	

（注1）左ページは執筆し公開したものの点数。最下段はその累計を示す。『明治前期大阪編年史』は特別に１列つくり、作業の開始年から終了年までがわかるようにした。総計は右ページの最下段に記した。各年の著書数論文数等は見落としがないよう注意したが、「小論・論説・報告」以下の４列では全体として10点ほど見落とししている模様。

人物索引

た――――――――――――――――――■

さ

事項索引

著者紹介

小田康徳（おだ やすのり）

1946年生まれ

大阪電気通信大学名誉教授

NPO法人旧真田山陸軍墓地とその保存を考える会理事長

公益財団法人 公害地域再生センター（あおぞら財団）付属西淀川・公害と環境資料館（エコミューズ）館長

『陸軍墓地がかたる日本の戦争』（ミネルヴァ書房、2006年、共編著）、『近代大阪の工業化と都市形成——生活環境からみた都市発展の光と影』（明石書店、2011年、単著）、『旧真田山陸軍墓地、墓標との対話』（阿吽社、2019年、編著）、『軍隊と戦争の記憶——旧大阪真田山陸軍墓地、保存への道』（阿吽社、2022年、単著）ほか

歴史学の課題と作法

―「人と地域が見える日本近現代史研究」追求の経験を語る―

2024年1月10日　初版第１刷発行

著　者　小田康徳

発行者　小笠原正典

発行所　株式会社 阿 吽 社

〒602-0017　京都市上京区衣棚通上御霊前下ル上木ノ下町73-9

電話 075-414-8951　FAX 075-414-8952

URL：http://aunsha.co.jp

E-mail：info@aunsha.co.jp

装　丁　清水 肇［prigraphics］

印　刷　亜細亜印刷株式会社

　ISBN978-4-907244-52-1　C0021